Schaffhausen
Stein a.Rh.
Konstanz
Romanshorn
Glattfelden
Bürglen
Matzingen
Bischofszell
Rorschach
Regensdorf
Winterthur
Wil
St. Gallen
Zürich
Herisau
Altstätten
Oberriet
Urnisch
Appenzell
Wattwil
Ebnat-Kappel
Affoltern
Iona
Gams
Pfäffikon
Rapperswil
Wildhaus
Amden
Buchs
Cham
Zug
Siebnen
Wesen
Murg
Flums
Näfels
Einsiedeln
Luzern
Glarus
Sargans
Horw
Schwyz
Schwanden
Bad Ragaz
Landquart
Schiers
Brunnen
Braunwald
Küblis
Samnaun
Stans
Linthal
Klosters
Sent
Altdorf
Chur
Ftan
Klausenpass
Flims
Davos Dorf
Guarda
Scuol
Engelberg
Erstfeld
Laax
Bonaduz
Arosa
Ardez
Breil-Brigels
Ilanz
Davos Platz
Flüelaüass
Sustenpass
Amsteg
Trun
Cazis
Lenzerheide
Sertig
Zernez
Ofenpass
Disentis
Thusis
Filisur
Wassen
Sedrun
Tiefencastel
Bergün
Zuoz
Sta.Maria
Oberalppass
Sogn Gions
Vals
Andeer
Savognin
La Punt
Furka-
pass
Realp
Andermatt
Splügen
Livigno
Gotthardpass
Hinterrhein
Mulegns
St. Moritz
Samedan
Airolo
Olivone
Julierpass
Pontresina
Oberwald
Ulrichen
Faido
S.Bernardinopass
Bivio
Ambri
Silvaplana
Acquarossa
Sils
Fusio
Malojapass
Berninapass
S. Cario
Mesocco
Rossa
Biasca
Sonogno
Poschiavo
Bignasco
Chiavenna
Brione
Bosco/
Gurin
Brusio
Claro
Maggia
Tirano
Roveredo
Ponte
Brolla
Novate
Mezzola
Tenero
Bellinzona
Gravedona
Losone
S. Maria
Maggiore
Locarno
Ascona
Domodossola
Rivera
Tenero
Tesserete
Porlezza
Luino
Lugano
Magliao
Pte Tresa
Mendrisio
Chiasso
4
5
6
7
8
9
10
11
12
13
14
15
16
17
18
19
29
30
31
32
33

Herzlichen Dank all jenen, die uns bei der Bildsuche unterstützt und uns das entsprechende Material zur Verfügung gestellt haben.

LEKTORAT Annette Nydegger, Steffisburg; Léonie Schmid, Fona Verlag

GESTALTUNG INHALT UND LAYOUTS FonaGrafik, Stephanie Steimer

FOTOS **Aargau Tourismus** (Etappe 3/Bild 5); **Grand Hotel Quellenhof, Bad Ragaz** (Etappe 8/Bild 4); **Ascona-Locarno Tourismus** (Etappe 17/Bild 4); **Andrea Badrutt, Chur** (Cover hinten/kleines Bild in der Mitte -Etappe 9/Bild 1); **Basel Tourismus** (Etappe 1/Bild 2); **Bern Tourismus** (Etappe 35/Bild 5); **Ennio Bettinelli** (Etappe 38/Bild 1); **Hotel Blausee, Blausee** (Etappe 25/Bild 3); **Régis Colombo** (Cover hinten/grosses Bild oben - Etappe 37/Bild 1); **Diemtigal Tourismus** (Etappe 24/Bild 5/Beat Straubhaar); **Dietz & Dietz, Merlischachen** (Cover vorn/beide Bilder, Cover hinten/kleine Bilder unten rechts und links - Einstiegsbilder - Etappe 1/Bilder 1, 5 - Etappe 2/Bild 3 - Etappe 3/Bilder 1, 3, 4 - Etappe 4/ Bilder 1, 2, 4 - Etappe 7/Bild 2 -Etappe 8/Bild 1 - Etappe 9/Bild 3 - Etappe 10/Bilder 1, 2 - Etappe 12/Bild 3 - Etappe 13/Bild 2 - Etappe 14/Bilder 1, 4 - Etappe 15/Bild 1 - Etappe 16/Bild 5 - Etappe 17/Bild 1 - Etappe 18/Bild 1 - Etappe 20/Bild 4 - Etappe 23/Bild 4 - Etappe 25/Bild 1 - Etappe 26/Bilder 2 und 3 - Etappe 27/Bild 1 - Etappe 29/ Bilder 1, 5 - Etappe 30/Bilder 1, 2 -Etappe 32/Bild 3 -Etappe 33/Bild 1 - Etappe 34/Bild 1 - Etappe 35/Bild 1 - Etappe 36/Bild 1 - Etappe 37/Bild 3, 5, Etappe 40/Bild 3); **Edition Phönix, Jutta Schneider, Michael Willi** (Etappe 1/ Bild 4); **Kurt Hamann, Laufen** (Etappe 2/Bild 2); **Keystone, Zürich** (Etappe 2/Bild 1 - Etappe 4/Bild 3, Etappe 7/Bild 1 - Etappe 8/Bilder 2, 3, 5 -Etappe 9/Bilder 2, 4, 5 - Etappe 10/Bilder 3, 4 und 5 - Etappe 11/Bild 2 - Etappe 12/ Bilder 1, 2, 3, 4 - Etappe 13/Bilder 1, 3, 4, 5 - Etappe 15/Bild 3 - Etappe 16/Bilder 1, 2, 3, 4 - Etappe 17/ Bilder 1, 2 - Etappe 18/Bilder 2, 4, 5 - Etappe 19/Bilder 1-5 - Etappe 20/Bild 1 - Etappe 21/Bild 5 - Etappe 22/ Bilder 1, 2, 4, 5 - Etappe 23/Bilder 1, 2,3 - Etappe 24/Bild 1 - Etappe 25/Bild 5 - Etappe 26/Bild 1 - Etappe 27/ Bilder 2-5 - Etappe 28/alle Bilder - Etappe 29/Bilder 2, 3 - Etappe 30/Bilder 3-5 - Etappe 31/Bilder 1, 2, 3, 5 - Etappe 32/Bild 2 - Etappe 33/Bild 4 - Etappe 34/Bild 3, 5, Etappe 35/Bilder 2-5 - Etappe 36/Bilder 2-4 - Etappe 37/ Bild 2 - Etappe 38/Bild 2-5 - Etappe 39/alle Bilder -Etappe 40/Bilder 2-4); **Hotel Marina Lachen** (Etappe 31/Bild 4); **Leukerbad Tourismus** (Etappe 21/Bild 1); **KKL, Luzern** (Etappe 29/Bild 4); **Casa Santo Stefano, Miglieglia** (Etappe 15/ Bild 2); **Romantikhotel Mont Blanc au Lac, Morges** (Etappe 37/Bild 4); **Kurt Müller** (Etappe 25/Bild 4); **Murten Tourismus** (Etappe 36/Bild 5); **ProLitteris, Zürich/Niggi Bräuning, Basel** (Etappe 1/Bild 3); **Hotel Nest und Bietschhorn, Ried-Blatten** (Etappe 21/Bild 4); **Rorschach Tourismus** (Etappe 6/Bild 3); **Saastal Tourismus** (Etappe 20/Bild 5); **Walter Schmid** (Etappe 11/Bild 4); **Solothurn Tourismus** (Etappe 40/Bild 1); **St. Gallen - Bodensee Tourismus** (Etappe 6/Bilder 1, 4, 5); **Thunersee Tourismus** (Etappe 25, Bild 2); **Thurgau Tourismus** (Etappe 5/Bilder 1-5); **Ticino Tourismus** (Etappe 14/ Bild 2/Christof Sonderegger, Bild 5/Remy Steinegger - Etappe 15/Bild 5/Christof Sonderegger, Bild 4/Remy Steinegger); **Wallis Tourismus** (Etappe 20/Bilder 2, 3/C. Perret - Etappe 21/Bild 3/Roland Gerth, Bild 2/Christian Perret - Etappe 22/ Bild 3/Christof Sonderegger); **Kartause Ittingen, Warth** (Etappe 32/Bilder 1, 4); **Wengen Tourismus** (Etappe 26/ Bilder 4 und 5); **Winterthur Tourismus** (Etappe 33/Bild 3); **Beat Zimmermann, Rheinfelden** (Etappe 2/Bild 5); **Flughafen Zürich AG, Zürich** (Etappe 33/Bild 5)

SCHWEIZER KARTE Stefanie von Däniken

DRUCK Druckerei Uhl, Radolfzell

ISBN 978-3-03781-020-0

Das Buch erschien gleichzeitig in französischer Sprache unter dem Titel «La Suisse - en 40 étapes à travers le paradis»
ISBN 978-3-03781-022-4

ALFRED HAEFELI

SCHWEIZER REISE

IN 40 ETAPPEN DURCH DAS PARADIES

FARO

DIE 40 ETAPPEN DURCH DAS PARADIES SCHWEIZ

21 Lötschental - Leukerbad - Crans-Montana - Sion
22 Saillon - Martigny - Verbier - Champéry
23 Villars-sur-Ollon - Les Diablerets - Château-d'Oex - Gstaad-Saanenland
24 Lenk - Simmental - Diemtigtal - Adelboden
25 Kandersteg - Spiez - Meielisalp - Thun - Interlaken
26 Grindelwald - Wilderswil - Wengen - Mürren
27 Bönigen - Iseltwald - Brienz - Meiringen
28 Brünig - Giswil - Sarnen-Wil - Stans
29 Engelberg - Luzern
30 Weggis - Vitznau - Rigi - Brunnen - Schwyz
31 Einsiedeln - Lachen - Glarnerland - Amden-Weesen - Rapperswil
32 Toggenburg - Wil - Weinfelden - Frauenfeld
33 Winterthur - Flughafen - Zürich
34 Zug - Sursee - Huttwil - Emmental
35 Burgdorf - Bern
36 Murten - Fribourg - Vevey - Montreux
37 Lavaux - Lausanne - Morges - Nyon - Genève
38 Yverdon-les-Bains - Neuchâtel - Saignelégier - Delémont
39 Biel/Bienne - Twann - La Neuveville - Aarberg
40 Solothurn - Balsthal - Langenthal - Zofingen

Liebe Leserinnen, liebe Leser

Zuallererst möchte ich Ihnen danken, dass Sie entschlossen sind, die Reise durchs Paradies anzutreten. Vielleicht zuerst nur in Gedanken, erblätternd statt erfahrend, erlaufend oder innehaltend. Das Buch, in dem auf 100 Seiten das vielleicht schönste Land der Welt vorgestellt wird, soll Lust machen auf mehr. Was Stichworte, kurze Sätze oder kleine Abschnitte andeuten, kann sehr wohl eine lange Geschichte werden, wenn Sie sich darauf einlassen.

Es kann nicht alles, was die Schweiz ausmacht, hier behandelt werden. Typisch schweizerische Begriffe wie Freiheit, politische und wirtschaftliche Stabilität, Demokratie, Heimatliebe, Fleiss, Banken und das Militär-Sackmesser werden Sie vergeblich suchen. Dies alles fehlt auch nicht aus dem Grund, den Goethe so formuliert: «Die Gebirge sind stumme Meister und machen schweigsame Schüler». Es hatte schlicht zu wenig Platz.
Wenn Sie einzelne Etappen oder Etappen-Blocks unter die Füsse respektive unter die Räder nehmen, werden Sie der im Buch vernachlässigten Spezies, den Menschen und ihren Eigenheiten, auf Schritt und Tritt begegnen. In den vier Sprachregionen gibt es sehr wohl grosse regionale Unterschiede: bei der Geschwindigkeit des Denkens und des Sprechens, in der Mentalität, im Bezug auf Nähe und Distanz. Dies gilt selbstverständlich auch für die Gastronomie und die kulturellen Angebote. Es trifft sicher für den Sport am wenigsten zu.

Von ganzem Herzen bekenne ich, dass ich alles aus Liebe zu diesem schönen Land geschrieben habe. Dafür, dass die begleitenden Bilder weniger Platz bekommen haben als der Text, entschuldige ich mich schon im voraus bei den Kritikern. Dabei bin ich mir bewusst, dass Sie auf viel Bekanntes stossen werden. Ich mache mir aber Hoffnungen, dass Sie hin und wieder auf etwas treffen, das neu für Sie ist.

Eher selbstkritisch beenden möchte ich diese einleitenden Worte: «Jeder Vogel findet sein Nest schön!» Dieses französische Sprichwort relativiert meine glühende Verehrung für die schöne Schweiz in angemessener Weise.

Alfred Haefeli

Silsersee, Oberengadin

1 | Basel

BASEL

DER LOTSE

Natürlich ist es kein Zufall, dass wir hier unsere Schweizer Reise beginnen. Basel ist die Königin unter den Schweizer Städten. Zwar ist das mehr gefühlt, als mit Fakten untermauert, aber unter den vielen Städterankings mischt Basel ausnahmslos ganz vorne mit. Die Stadt ist nicht nur Königin, sondern auch Diva, will heissen, sie kennt ihre Werte und vermarktet diese hemmungslos: «Wir haben den schönsten Zoologischen Garten, die meisten Stadtparks, die besten Botanischen Gärten, das grösste Fussballstadion und nicht weniger als vier Fähren über den Rhein.» Dass die Basler ein wenig eingebildet sind, weil sie ihre Sprache noch genauso sprechen wie «de Grosspappe», verzeihen wir ihnen. Eigentlich unter ihrer Würde sind die ewigen Streitereien mit den Zürchern.

Die weltoffenen Baslerinnen und Basler verstehen viel von Lebensart, Savoir-vivre nennen das die Franzosen. Diese lebendige Stadt zu entdecken, ist ein Fest für alle Sinne. Kunst und Kultur haben sie im Blut, gut essen und trinken ist ihnen aber genauso wichtig. Die hohe Lebensqualität verdanken die Basler auch dem ausgesprochen milden Klima mit den vielen Sonnentagen. Wenn das so tönt wie eine Liebeserklärung an eine Stadt, dann war das gewollt.

DAS TOR ZUR SCHWEIZ

Als die Gäste aus allen Herren Ländern noch ausschliesslich mit Fahrzeugen und Schiffen in Basel ankamen und Schweizer Boden betraten, traf dieser Titel noch besser zu als heute, wo Millionen von Touristen und Geschäftsleuten in Zürich oder Genf landen. Selbstverständlich ist Basel auch per Flugzeug erreichbar: Der Airport liegt auf französischem Boden auf halber Strecke zwischen Basel und Mulhouse. Am schönsten ist es, mit dem Schiff in Basel anzukommen. Seit dem Mittelalter ist der Rhein zwischen Basel und Rotterdam schiffbar. Der breite Strom fliesst weite 832 Kilometer bis zum Meer. Etwa 15 Prozent der Schweizer Importe reisen auf dem Wasser und werden in den vier Rheinhäfen umgeschlagen, was einem Volumen von rund 10 000 Millionen Tonnen entspricht.

DIE MENSCHEN

Basel ist nach Zürich und Genf die drittgrösste Stadt der Schweiz. Die dynamische Stadt liegt im Dreiländereck Schweiz-Deutschland-Frankreich, dazu gehören die Landgemeinden Riehen und Bettingen. Fast 200 000 Menschen sind privilegiert, hier zu wohnen und zu leben. Kontakte mit Bürgern der Nachbarländer gehören zur Tagesordnung. Viele der Grenzgänger arbeiten in den zahlreichen Pharma- und Chemiefirmen, aber auch in anderen Sparten der Industrie, im Handel und in Dienstleistungsunternehmen. Gesamthaft hat der Standort Basel über 300 000 Arbeitsplätze.

2

3

4

5

2 | Basler Rheinhafen 3 | Fondation Beyeler 4 | Basler Rathaus 5 | Vogel Gryff

KUNST UND KULTUR

Basel geniesst in Kulturkreisen auf der ganzen Welt einen hervorragenden Ruf. Sie ist die Stadt der Museen und der Musik. Über 40 bedeutende Sammlungen werden gezeigt, so etwa im berühmten Kunstmuseum (grösste Kunstsammlung der Schweiz), im Tinguely-Museum, in der Fondation Beyeler, deren Gebäude vom Stararchitekten Mario Botta geplant und gebaut wurde. Basel hat eine Musikakademie, acht Kirchen mit historischen Orgeln und ein musikalisches Angebot, von dem viele Städte nur träumen. Die Basler Messe beherbergt nebst den jährlich wiederkehrenden Ausstellungen eine der bedeutendsten Kunstmessen der Welt: die Art Basel.

DIE KLEINE GROSSSTADT

Basel ist die Vorzeige-Wirtschaftsregion der Schweiz und eine der produktivsten weltweit. Basis der Erfolgsgeschichte sind die grossen Pharmafirmen, darunter zwei der fünf grössten der Welt. Auch wichtige Dienstleister aus Finanz, Logistik, Design und Architektur haben Basel berühmt gemacht. Eine schöne, gepflegte Altstadt, grosszügige Parks, der alles prägende Rhein, grosszügige Menschen – das ist Basel. Die Stadt ist übersichtlich, man erreicht die Ziele schnell – zu Fuss, mit dem Velo, mit Bus oder «Trämli». Trotzdem hat die Stadt alles, was eine Metropole ausmacht: Kunst, Kultur, eine vielseitige Gastronomie, ein spannendes Nachtleben, einen Menschenmix aus verschiedensten Kulturen. Die drei Länder übergreifende Agglomeration Basel vereinigt 700 000 Menschen.

DER FLUGHAFEN BASEL-MULHOUSE

Eigentlich ist der richtige Name Euro-Airport Basel-Mulhouse-Freiburg. Das «Wunder Blotzheim» feierte vor vier Jahren sein 60-jähriges Jubiläum. Das drei Länder übergreifende Projekt ist ein Symbol für die internationale Zusammenarbeit, deren Notwendigkeit nach dem Zweiten Weltkrieg deutlich wurde. Die ausserordentlich günstige Lage im Herzen Westeuropas und den drei wirtschaftlich starken Regionen (Elsass, Nordwestschweiz und Baden-Württemberg) erklärt den Erfolg. Mit Hilfe der Lufthansa-Töchter soll das Angebot in den kommenden Jahren kontinuierlich ausgebaut werden.

HOTEL-TIPPS

- **HOTEL RAMADA PLAZA BASEL** 4058 Basel
  Tel. 061 560 40 00 | www.ramada-treff.ch
- **MERCURE HOTEL EUROPE BASEL** 4005 Basel
  Tel. 061 690 80 80 | www.balehotels.ch
- **HOTEL RESTAURANT MITTENZA** 4132 Muttenz
  Tel. 061 465 50 50 | www.mittenza.ch
- **HOTEL GASTHOF ZUM OCHSEN** 4144 Arlesheim
  Tel. 061 706 52 00 | www.ochsen.ch

1 | Aarau, Stadt der schönen Giebel

LAUFEN LIESTAL RHEINFELDEN AARAU

DAS LAUFENTAL

Nach der Gründung des Kantons Jura im Jahre 1979 war das deutschsprachige bernische Laufental eine Exklave. Die Bürger hatten die Möglichkeit, zu Baselland oder zu Solothurn zu wechseln. Die Meinungen waren geteilt. Schliesslich entschieden sie sich 1989 mit 51,7 % für Baselland. Das kleine Städtchen Laufen mit den steilen Giebeln und den drei Toren, eingebettet ins Grün des lieblichen Laufentals mit den angrenzenden Jurahöhen, ist eine Augenweide. Als schönstes Kunstdenkmal gilt die 300-jährige St.-Katharinen-Kirche. Von hier aus lohnt sich ein Abstecher in das knapp an der französischen Grenze liegende Benediktinerkloster Mariastein.

DER LOTSE

Die schnellste Art, mit dem ÖV von Laufen in die Kantonshauptstadt Liestal zu gelangen, ist die Bahn. Aber leider nicht die schönste. Eine Fahrt durch die Juralandschaften des Solothurner Schwarzbubenlandes und des Baselbietes führt uns durch stattliche Dörfer, vorbei an grossen landwirtschaftlichen Siedlungen und durch gepflegte Wälder. Schier endlos wachsen die Hügel gegen Süden hin in die Höhe, wo der Jurasüdfuss die Landschaft wie mit dem Messer geschnitten vom Mittelland trennt.

LIESTAL – POLITISCHES UND KULTURELLES ZENTRUM

Wer Basel und Liestal vergleicht, spürt gleich, dass zwei Welten aufeinandertreffen und eine Vereinigung beider Basel wohl gar nie möglich sein wird. In Liestal beginnt die Naherholungszone der Grossstädter. Die eindrücklichen Bauten von Industrie, Handel und Logistikern haben sich beängstigend nahe an das Froburgerstädtchen mit seiner herausgeputzten Altstadt und ihren alten Bügerhäusern und den Verwaltungsgebäuden von Gemeinde, Bezirk und Kanton herangeschlichen. In Liestal befindet sich der einzig verbliebene Waffenplatz der Schweizer Armee nördlich des Juras. Auch die Zöllner lernen hier ihr Handwerk.

RHEINFELDEN – TOR ZUM KULTURKANTON

Wer sich Rheinfelden auf der Strasse oder auf den Schienen nähert, entdeckt sofort das riesige Industrieareal mit dem dominierenden Schloss in der Mitte. Feldschlösschen heisst die wichtigste Brauerei der Schweiz, die hier seit über hundert Jahren Bier herstellt. Seit 2000 gehört sie zur dänischen Carlsberg-Gruppe. Wichtig für Rheinfelden sind wirtschaftlich auch die Natursole-Bäder mit dem dazugehörenden

2 | Laufen 3 | Laufenburg 4 | Bad Ramsach – Baselbieter Jura 5 | Rheinfelden

Kurzentrum und der Reha-Klinik mit rund 500 Beschäftigten. Die älteste Zähringerstadt der Schweiz bietet einiges: Ein imposantes Rathaus, viele barocke Fassaden, gepflegte, verkehrsfreie Gassen mit Spezialgeschäften, Restaurants direkt am Rhein und auch ein bisschen Internationalität.

DER LOTSE

Auf dem Weg vom nordwestlichsten Zipfel des Aargaus in die Kantonshauptstadt befindet sich ein weiteres Bijou: das kleine Zwillingsstädtchen Laufenburg. Die von den Habsburgern vor über 800 Jahren erbaute Stadt erfüllt eine Art Brückenfunktion zwischen den Kulturen diesseits und jenseits des Hochrheins. Die Laufenburger behaupten, dass der Fluss nirgends so grün sei wie hier. Wer mit dem ÖV unterwegs ist, kann von Rheinfelden mit der S-Bahn wahlweise nach Laufenburg oder Frick fahren und dann auf das Postauto umsteigen, das über den Jura nach Aarau geht.

AARAU – STADT DER SCHÖNEN GIEBEL

Die Kantonshauptstadt war im Jahre 1798 für ein halbes Jahr die erste Hauptstadt des Staates Schweiz. Und das spürt man noch heute an der prunkvollen Laurenzenvorstadt, wo grosse Bürgerhäuser, überbreite Gehsteige und eine schmucke Kaserne etwas Grossstädtisches haben. Gut dazu passen das Aargauer Kunsthaus – Insider nennen es gerne «heimliche Nationalgalerie» –, die älteste Kantonsschule der Schweiz (Albert Einstein machte hier 1896 die Matura), das Haus zum Schlossgarten (erster eidgenössischer Regierungssitz), der moderne Bahnhof mit der grössten Bahnhofsuhr Europas sowie die darunter freigelegten Meyerschen Stollen. Die Aarauer Altstadt ist ein gut erhaltenes Zentrum mit vorwiegend spätgotischen Häusern. Eine Besonderheit bilden die mehr als 70 reich bemalten Dachuntersichten, denen die Stadt auch den Claim der schönen Giebel verdankt.

HOTEL-TIPPS

- **HOTEL BAD SCHAUENBURG** 4410 Liestal
  Tel. 061 906 27 27 | www.badschauenburg.ch
- **HOTEL BAD RAMSACH** 4448 Läufelfingen
  Tel. 062 285 15 15 | www.bad-ramsach.ch
- **HOTEL BAD BUBENDORF** 4416 Bubendorf
  Tel. 061 935 55 55 | www.badbubendorf.ch
- **HOTEL SCHÜTZEN** 4310 Rheinfelden
  Tel. 061 836 25 25 | www.hotel-schuetzen.ch
- **HOTEL PLATANENHOF** 5070 Frick
  Tel. 062 865 71 71 | www.platanenhof.ch
- **LANDHOTEL HIRSCHEN** 5015 Erlinsbach bei Aarau
  Tel. 062 857 33 33 | www.hirschen-erlinsbach.ch

1 | Bremgarten mit Reuss im Vordergrund

Lenzburg Schloss Hallwyl Muri Bremgarten Baden

DER LOTSE

Weil ich durch und durch ein Aargauer bin, könnte die Sicht der Dinge etwas zu subjektiv ausfallen. In meiner engeren Heimat ist die Kultur wirklich mit Händen zu greifen. Hier ist auch das Zentrum von «Museum Aargau», die staatliche Einrichtung für die Pflege und die Präsentation der historischen Originalschauplätze. Zu ihm gehören das Kloster Königsfelden, das Schloss Lenzburg, das Wasserschloss Hallwyl und die Schlösser Habsburg und Wildegg. Auch zum engen Umkreis der geballten Kultur gehören das von den Habsburgern erbaute Kloster Muri und das römische Amphitheater Vindonissa in Brugg-Windisch. Wer mit dem ÖV reist, kann sich von Aarau, Lenzburg und Baden aus auf ein dichtes Netz an S-Bahnen und Bussen verlassen.

LENZBURG – SCHLOSS LENZBURG – EINE SYMBIOSE

Das Kleinstädtchen, es platzt mit Neubauten in den Randgebieten fast aus den Nähten, ist Regionalzentrum des gleichnamigen Bezirks. Erbaut wurde die historische Altstadt, so wie sie sich heute präsentiert, Ende 16. und Anfang 17. Jahrhundert. Die Häuser sind fast ausnahmslos multifunktional: im Erdgeschoss Läden und Restaurants, weiter oben Büros und Wohnungen. Anschliessend an die obere Altstadt beginnt der Schlossberg in die Höhe zu wachsen, der zusammen mit dem Goffersberg eine einmalige Hügellandschaft bildet. Das Schloss Lenzburg ist eine der schönsten und bedeutendsten Höhenburgen der Schweiz. Die heutige Anlage entstand in einer 900-jährigen Bauzeit. Die ursprüngliche Burg wandelte sich von der Grafenresidenz zum Amtssitz der Berner Landvögte bis hin zum Sitz reicher Amerikaner. Heute werden Kinder und Erwachsene mit Ausstellungen und Workshops, Erlebnistagen und Veranstaltungen zum Mittelalter in die Ritterzeit zurückversetzt.

SCHLOSS HALLWYL –KLOSTER MURI

Anfang des 14. Jahrhunderts liess einer der Herren von Hallwyl (Johans) die bescheidene Burg zu einem zweiteiligen, befestigten Wasserschloss ausbauen. Bei der Eroberung des Aargaus durch die Berner wurde Hallwyl durch ein Feuer total zerstört, später aber schöner und einheitlicher wieder aufgebaut. Heute ist die romantische Anlage, mitten im riesigen Naturschutzgebiet am Hallwilersee, eines der bedeutendsten Wasserschlösser der Schweiz. Besonders zu empfehlen ist

2 | Kloster Muri 3 | Wasserschloss Hallwyl 4 | Baden 5 | Schloss Lenzburg

nach dem Schlossbesuch eine Wanderung am absolut unverbauten Ufer des Sees.

Das Kloster Muri war schon immer Wallfahrtsort. Schon die schiere Grösse der Anlage und die Hühnerhaut erzeugende Klosterkirche (umgebaut Ende 17. Jh. vom romanischen Stil in eine barocke Kirche) sind beeindruckend. Die wechselvolle Geschichte des Benediktinerklosters würde Bände füllen. Und vieles davon würde uns nicht gefallen. Ein Erlebnis der besonderen Art sind die Orgelkonzerte. Neben der grossen Orgel stehen den Veranstaltern zwei weitere Emporen-Instrumente (Evangelien- und Epistelorgel) und zwei nachgebaute Kleinorgeln zur Verfügung. Im Kreuzgang mit dem wertvollen Glasgemäldezyklus befindet sich die Habsburger Gruft. Hier ruht das letzte Kaiserpaar der österreichischen Monarchie, Kaiser Karl I und Kaiserin Zita von Bourbon-Parma. Auch viele weitere Mitglieder der Habsburgerfamilie sind hier bestattet.

DAS FREIAMT – EIN TRAUM VON FLUSS-LANSCHAFT

Ein Besuch der Reussebene ist nach der langen, aufwändigen Renaturierung zu einem geschützten Auengebiet von 400 Hektaren fast ein Muss. Hier kann Natur am Gotthardwasser geatmet werden. Wir besuchen anschliessend das von den Habsburgern gegründete Städtchen Bremgarten an der Reuss. Ein Schokoladenort, auf allen Kalendern und in allen Bildbänden verewigt. Seit dem 15. Jahrhundert kulturelles Zentrum des Freiamts.

DER LOTSE

Ein direkter Linienbus verbindet das Freiamt mit der fröhlichen Römerstadt (ich weiss, die Habsburger konnten es auch hier nicht lassen). Baden führte bis zur Kantonsgründung 1803 ein Eigenleben, zur Zeit der Helvetischen Republik war es Hauptstadt des Kantons Baden. Als Westaargauer kann ich nur sagen: Es hat sich nicht viel geändert. Ich beneide sie um ihre aufgeschlossene, wenig pietistisch geprägte Art. Das Grösste an Baden ist das gigantische Fest, die Badenfahrt. Sie dauert 10 Tage und ist mit rund einer Million Besuchern einer der bedeutendsten Anlässe der Schweiz. Leider findet sie nur alle zehn Jahre statt.

HOTEL-TIPPS

- **HOTEL KRONE** 5600 Lenzburg
  Tel. 062 886 65 65 | www.krone-lenzburg.ch
- **HOTEL OCHSEN** 5600 Lenzburg
  Tel. 062 886 40 80 | www.ochsen-lenzburg.ch
- **HOTEL SEEROSE** 5616 Meisterschwanden
  Tel. 056 676 68 65 | www.seerose.ch
- **SEEHOTEL DELPHIN** 5615 Meisterschwanden
  Tel. 056 676 66 80 | www.hotel-delphin.ch
- **HOTEL EICHBERG** 5707 Seengen
  Tel. 062 777 33 33 | www.eichberg.com
- **HOTEL SONNE** 5620 Bremgarten
  Tel. 056 648 80 40 | www.sonne-bremgarten.ch
- **ATRIUM-HOTEL BLUME** 5400 Baden
  Tel. 056 200 0 200 | www.blume-baden.ch

1 | Schaffhausen mit Munot

Bad Zurzach Rheinfall Schaffhausen Stein am Rhein

DER LOTSE

Der Aargau ist auch ein Weinland. Heute können wir auf der Reise in den jüngsten Thermalkurort eines der Weinbaugebiete im unteren Aaretal besuchen: zum Beispiel Untersiggenthal, Klingnau, Döttingen, Würenlingen oder Tegerfelden. Im 19. Jh. gab es im Aargau beinahe 3000 Hektaren Rebland, heute sind es noch 400 Hektaren. Um die 800 Winzerinnen und Winzer erzeugen vorwiegend Blauburgunderweine (rot) und Riesling x Sylvaner (weiss).

BAD ZURZACH – RUHESTÄTTE DER HEILIGEN VERENA

Anfang des letzten Jahrhunderts entdeckte man ein grosses Salzlager, das mittels Salinen ausgebeutet wurde. Bei den Salzbohrungen kam auch eine Thermalquelle zum Vorschein, die aber dazumal wieder zubetoniert wurde. Erst vierzig Jahre später machten sich private Investoren daran, die Quelle erneut anzubohren, um Kapital aus dem heiss quellenden Heilwasser zu schlagen. Die ersten Kurgäste kamen 1955, um im improvisierten Thermalbad ihren schmerzenden Gliedern Linderung zu verschaffen. Fast ausnahmslos nahmen die Leute das Wasser in Flaschen auch mit nach Hause. Heute gibt es in Bad Zurzach neben den Badehotels eine Rheuma- und Rehabilitationsklinik. Nach dem Baden lohnt sich ein Rundgang im «Flecken», wo die geschlossenen Häuserzeilen dem Ort ein kleinstädtisches Gepräge geben. Nicht zu übersehen ist das allgegenwärtige Verenamünster. Einst und noch heute ein viel besuchter Wallfahrtsort. Da spielt die Verehrung der Heiligen Verena eine wichtige Rolle: Um die anscheindend aus Theben in Ägypten stammende Christin ranken sich derart viele Legenden, dass der interessierte Leser sich wohl selbst informieren muss.

DER LOTSE

Der direkteste Weg nach Schaffhausen führt über deutsches Gebiet. Eine DB-Linie führt von Waldshut-Tiengen direkt in die nördlichste Kantonshauptstadt der Schweiz. Wir nehmen die Strasse oder die Schiene dem Rhein entlang nach Eglisau. Ein Touristenort zwar, doch leider dominiert hier der auffallend dichte Verkehr. In Eglisau kommen die direkten Züge von Mailand nach Stuttgart vorbei, die uns nach Schaffhausen bringen, wenn wir Glück haben. Eine S-Bahn erfüllt den Zweck ja auch. (Die Strecke führt bei Lotstetten ebenfalls einige Kilometer durch Deutschland.) In Neuhausen erwartet uns ein atemberaubendes Naturschauspiel: der Rhein im freien Fall! Er ist in jeder Beziehung rekordverdächtig: 150 Meter breit, 23 Meter hoch, die Abflussmenge pro Sekunde beträgt rund 600 000 Liter.

2 | Rheinfall bei Neuhausen 3 | Rhein bei Diessenhofen 4 | Stein am Rhein 5 | Thermalbad «Bad Zurzach»

Weil fast alle diese Prachtskulisse einmal selbst erleben wollen, können Sie am grössten Wasserfall Europas kaum in Ruhe über Ihre Zukunft nachdenken.

SCHAFFHAUSEN – MUNOTSTADT GENANNT

Ein belebtes, verkehrsfreies und gut erhaltenes Zentrum macht den Charme der historischen Altstadt aus. Die privilegierte Lage über dem Rhein lässt Ferienstimmung aufkommen. Vom Munot aus, dem Wahrzeichen Schaffhausens, lassen sich die einzigartige Rheinlandschaft und die vielen grünen, teils bewaldeten Hügel der Umgebung herrlich überblicken. Der Munot wurde im 16. Jahrhundert als Artilleriefestung mit grossem Turm gebaut. Böse Zungen behaupten, den Geschützen hätte die Anlage sowieso nie Stand gehalten. Schaffhausen wollte einfach ein repäsentatives Bauwerk haben. Weitere wichtige kulturelle Eckpunkte sind das Museum zu Allerheiligen (im ehemaligen Kloster), die Hallen für neue Kunst (minimal art), die Kirche St. Johann und das Schaffhauser Münster für die Freunde der klassischen Musik und vieles mehr.

STEIN AM RHEIN – DAS KLEINOD AM UNTERSEE

Mit dem Auto, dem Velo, der Bahn oder dem Schiff können wir den Zielort der heutigen Etappe erreichen. Hier, wo der Bodensee wieder zum Rhein wird, liegt das vielbesuchte Städtchen mit den bemalten Häuserfassaden und den Fachwerkhäusern, das schon oft namhafte Preise für die vorbildliche Pflege erhielt. Die Kleinstadt ist wirklich sehenswert, und jede zweite Türe lädt zum Essen und Trinken ein. Empfehlenswert sind zudem das Kloster St. Georgen, das Museum Lindwurm (bürgerliche Wohnkultur und Landwirtschaft), die bekannte Inselgruppe Werd sowie die hoch über dem Städtchen thronende Burg Hohenklingen.

HOTEL-TIPPS

- **PARKHOTEL BAD ZURZACH** 5330 Bad Zurzach
  Tel. 056 269 88 11 | www.park-hotel-zurzach.ch
- **SORELL HOTEL ZUNFTHAUS ZUM RÜDEN**
  8200 Schaffhausen | Tel. 052 632 36 36
  www.sorellhotels.com
- **HOTEL UNTERHOF** 8253 Diessenhofen
  Tel. 052 646 38 11 | www.unterhof.ch
- **HOTEL CHLOSTERHOF** 8260 Stein am Rhein
  Tel. 052 742 42 42 | www.chlosterhof.ch

1 | Steckborn

Steckborn
Mannenbach
Kreuzlingen
Romanshorn

DER LOTSE

Seit Stein am Rhein befinden wir uns am Bodensee. Hier am Untersee ist das Fliessgewässer noch allgegenwärtig. Der Rhein trennt auf seiner langen Reise Deutschland von der Schweiz, weiter flussaufwärts dann auch von Österreich und Liechtenstein. Wer von Ihnen die Schweizer Reise mit den ÖV unternimmt oder Teile davon, kann von Schaffhausen bis Rorschach wahlweise mit der S-Bahn oder mit dem Schiff reisen. Die Fahrzeit beträgt rund 6 Stunden.

DER BODENSEE

Von unseren deutschen Freunden wird er auch liebevoll «Schwäbisches Meer» genannt. Der Bodensee setzt sich aus Obersee, Untersee, Überlinger See und Flussrhein (zwischen Konstanz und Gottlieben) zusammen. Seine Gesamtfläche ist beeindruckend: 540 km². Damit ist er das drittgrösste Binnengewässer in Europa. Besonders eindrücklich ist seine Funktion als Trinkwasserreservoir für wasserarme Gebiete auf der Schwäbischen Alb und im Grossraum Stuttgart. Über 4 Millionen Menschen werden so täglich mit sauberem Wasser versorgt. Gespeist wird der See von elf Flüssen, von denen der Rhein aber mehr als drei Viertel des Wassers liefert.

STECKBORN

Es lohnt sich, in Steckborn einen längeren Halt einzulegen. Die malerische Altstadt ist sehenswert und liegt direkt am Ufer des Untersees. Einst Sitz der Äbte von der Insel Reichenau, ist Steckborn heute Bezirkshauptort im Kanton Thurgau. Wer sich für die Geschichte und die Kultur des Untersees interessiert, besucht am besten das Museum im Turmhof. Hier kann er sich über das Neolithikum, die Römerzeit, die Alemannen und das Bürgertum informieren.

SCHLOSS ARENENBERG MIT NAPOLEONMUSEUM

Voller Stolz nennen es die Thurgauer «Das schönste Schloss am Bodensee». In Mannenbach/Salenstein, hoch über dem See, beherbergt es das bekannte Napoleonmuseum. Hier finden auch viele Sonderausstellungen zu Themen vom Leben am Hof statt. Der Schlosspark mit seinen vielen Kunstobjekten ist selbst schon einen Besuch wert. Arenenberg ist eines der wenigen Schlösser in der Schweiz, die auch im Winter geöffnet sind.

2 | Schloss Arenenberg 3 | «Seeburg» in Kreuzlingen 4 | Obstplantage 5 | Romanshorn mit Fähre

KREUZLINGEN – IM DUETT MIT KONSTANZ

Kreuzlingen ist zuallererst Wirtschaftsstandort und Wohngemeinde für fast 20 000 Einwohner. Und erst in zweiter Linie Tourismusort. Das spürt man am pulsierenden Leben. Eine Überraschung ist das gleich siamesischen Zwillingen zusammengewachsene mittelalterliche Stadtzentrum Kreuzlingen/ Konstanz. Nur ein paar Schritte sind es in die deutsche Universitätsstadt. Kreuzlingen kann aber seinen Besuchern ebenfalls viel bieten: Heilkräuter- und Gewürzpflanzengarten Seeburg, Planetarium, Sternwarte, Seemuseum, Seeuferanlage, Tierpark Kreuzlingen und vieles mehr.

DER LOTSE

Auf der Fahrt von Kreuzlingen nach Romanshorn befindet man sich plötzlich in einer ganz anderen Welt. Schmucke Dörfer, teilweise abseits der Landstrasse, wechseln sich ab mit riesig grossen Obstanlagen. Deshalb wird dieses Gebiet im Kanton Thurgau oft spöttisch «Mostindien» genannt.

ROMANSHORN – DIE STADT AM WASSER

Hier lässt sich herrlich ausspannen am See mit seinen fast unendlich scheinenden Flaniermeilen und den gepflegten Anlagen. Für Wasserratten gibt es ein spektakuläres Bad. Romanshorn ist verkehrsmässig Dreh- und Angelpunkt. Hier fährt die Bahn, fahren die Schiffe und Fähren und führen die Strassen und Velowege in alle Himmelsrichtungen. Die Fähre Romanshorn-Friedrichshafen ist die «See»-Verlängerung der Bahnstrecke Zürich-Ulm. Hier an der breitesten Stelle des Bodensees erreicht man in 45 Minuten das deutsche Ufer. Viele Autofahrer ersparen sich den Stress auf den überfüllten Strassen und verladen ihr Auto, um auf dem Oberdeck die Seeluft zu geniessen. Die Fähre verkehrt in der Regel stündlich.

HOTEL-TIPPS

- **SEE & PARK HOTEL FELDBACH** 8266 Steckborn
  Tel. 052 762 21 21 | www.hotel-feldbach.ch
- **SEEHOTEL SCHIFF** 8268 Mannenbach
  Tel. 071 663 41 41 | www.seehotel-schiff.ch
- **ROMANTIK HOTEL KRONE** 8274 Gottlieben
  Tel. 071 666 80 60 | www.romantikhotel-krone.ch
- **HOTEL SCHLOSS BRUNNEGG** 8280 Kreuzlingen
  Tel. 071 672 36 36 | www.schloss-brunnegg.ch
- **PARK-HOTEL INSELI** 8590 Romanshorn
  Tel. 071 466 88 88 | www.hotelinseli.ch
- **HOTEL SEELUST** 9322 Egnach
  Tel. 071 474 75 75 | www.seelust.ch

1 | St. Gallen mit Klosterviertel im Vordergrund

ARBON RORSCHACH ST. GALLEN

DER LOTSE

Als ehemaliger Milizsoldat der Schweizer Armee komme ich immer gerne nach Arbon zurück. Im wirklichen Leben Drucker und Verleger, lenkte ich zwölf Jahre lang in der Rekrutenschule und in den Wiederholungskursen schwere Saurer-Lastwagen. Und die wurden hier gebaut. Natürlich nicht nur militärische, vorwiegend stolze private Nutzfahrzeuge für die Logistik, den ÖV, den Handel und die Industrie. Die Stückzahlen waren jedoch zu klein, die Preise dadurch nicht mehr konkurrenzfähig. Also starb die Lastwagenfabrik. Und ich weine ihr mehr als eine Träne nach. Arbon hat dadurch nichts an Attraktivität eingebüsst. Man merkt es den Menschen an, dass hier viel bewegt wurde. Es sind selbstsichere Bürger mit Weitblick, die die Zukunft längst in die Hand genommen haben.

ARBON – BODENSEESTADT OHNE CLAIM

Die sehr urban wirkende Kleinstadt hat römische Wurzeln und hiess ursprünglich Arbor Felix, was so viel heisst wie «glücklicher Baum». Einen Werbeslogan für Arbon sucht man in städtischen oder regionalen Flyern vergebens. Dabei wäre doch Baum und Glück schon die halbe Miete. Immerhin zeigt das Wappen einen grafisch schön gestalteten Baum mit einer glücklichen Vogelfamilie. In eine herrliche Natur mit Obstbäumen, Wiesen, Fruchtfeldern und Wäldern hineingestellt, liegt Arbon am imposanten Bodensee und bietet seinen Einwohnern und den Besuchern täglich änderne Farbkombinationen. Die historische Altstadt mit den renovierten Häusern dieses seit Urzeiten bedeutenden Handels- und Industrieplatzes lädt zum Verweilen ein. Drei Kilometer Seeufer bieten fast alles, was es zum Leben am Wasser braucht. Die 500-jährige Schlossanlage beherbergt ausnahmsweise kein Museum, sondern dient den Menschen als Treffpunkt für Feste und Feiern.

RORSCHACH – HIER BEGINNT ODER ENDET ALLES

Auf der Schiene und der Strasse, auf dem Wasser oder aus der Luft (Flugplatz Altenrhein) treffen sich hier die Verkehrslinien im Dreiländereck Schweiz-Deutschland-Österreich. Direkt gegenüber Rorschach liegt die deutsche Inselstadt Lindau. Zusammen mit dem appenzellischen Hinterland, das hoch über dem Bodensee thront, und den Rorschacherberggemeinden hat die viel besuchte Stadt am oberen Bodensee wirklich viel zu bieten: sich selbst, das Kloster Mariaberg,

2 | Arbon 3 | Kornhaus Rorschach 4 | St. Galler Altstadt 5 | Stiftsbibliothek St. Gallen mit alten Holztäferungen und Fresken

das gar nie als Kloster benutzt wurde und heute der Bildung dient, das Museum im Kornhaus (regional und lokalhistorisch interessant) und das bedeutende Fliegermuseum, das seine Ausstellungsstücke auch fliegen lässt. Auf grosses Interesse stösst die katholische Kirche Sankt Kolumban und Konstantius. Das Umland ist ein Eldorado für Wanderer und Biker.

ST. GALLEN – 1000 JAHRE GESCHICHTE IM STIFTSBEZIRK

Die Kantonshauptstadt ist unbestritten das wirtschaftliche und kulturelle Zentrum der Ostschweiz. Die Universiät (Hochschule für Wirtschaft) geniesst in Europa einen hervorragenden Ruf. Ihre Studienabgänger sind als zukünftige Kaderleute in allen Gebieten der Wirtschaft, in Dienstleistungfirmen und in der Verwaltung gefragt. Schon der geografischen Lage wegen erstaunt es nicht, dass auch viele Deutsche hier immatrikuliert sind. Überstrahlt wird alles Schöne, Überlieferte, Traditionelle und Eindrückliche vom «Stiftsbezirk». Er wurde 1983 in seiner Gesamtheit in die Liste des UNESCO-Weltkulturerbes aufgenommen. Der imposant grosse Stiftsbezirks mit Stiftsbibliothek, Klosteranlagen und nicht an einer Hand abzählbaren Kirchen steht für 1200 Jahre Geschichte. St. Gallen hat aber noch viel mehr zu bieten als nur Klosterviertel. Beim Gang durch die Altstadt schweift der Blick zu den vielen verzierten Erkern. Sie erzählen von den Erlebnissen der St. Galler Textilunternehmer in aller Welt. Östlich des Stadtzentrums befindet sich das heutige kulturelle Zentrum mit Tonhalle, Stadttheater und drei wichtigen Museen: Historisches Museum, Völkerkundemuseum, Kunstmuseum und Naturmuseum (erklärt Naturwissenschaften). St. Gallen ist auch Messestadt. Die berühmteste Ausstellung ist die OLMA (Messe für Landwirtschaft und Ernährung), die jährlich fast 400 000 Besucher anzieht.

HOTEL-TIPPS

- **HOTEL BAD HORN** 9326 Horn
  Tel. 071 841 55 11 | www.badhorn.ch
- **HOTEL SCHLOSS WARTEGG** 9406 Rorschacherberg
  Tel. 071 858 62 62 | www.wartegg.ch
- **HOTEL EINSTEIN** 9000 St. Gallen
  Tel. 071 227 55 55 | www.einstein.ch
- **RADISSON BLU HOTEL** 9000 St. Gallen
  Tel. 071 242 12 12 | www.radissonblu.com
- **HOTEL CITY WEISSENSTEIN** 9000 St. Gallen
  Tel. 071 228 06 28 | www.cityweissenstein.ch
- **HOTEL SÄNTISPARK** 9030 Abtwil
  Tel. 071 313 11 11 | www.saentispark.ch

1 | Ebenalp

APPENZELLERLAND

DER LOTSE

Appenzeller sind anders, sönd willkomm ... St. Gallen ist ideal als Ausgangspunkt für Ausflüge und Wanderungen im Appenzellerland. Sternförmig führen Strassen und Schienen bis hinauf auf die bewohnten Hügel in Rehetobel und Heiden, ins Pestalozzi-Kinderdorf Trogen, ins innerrhodische Appenzell, ins ausserrhodische Herisau, an den Fuss des Säntis (Urnäsch) und des Hohen Kastens (Brülisau) sowie auf die Hochebene von Stein. «Molke, Kräuter und Herzlichkeit», mit diesen drei natürlichen Zutaten haben die Appenzeller um Gäste geworben. Seit 150 Jahren hat sich das nicht geändert, wenngleich die Molkekur wohl heute nicht mehr im Zentrum steht. Die liberale Gesundheitsgesetzgebung erlaubte es «Naturärzten» und «Kräuterheilern», hier ohne ein Medizinstudium zu praktizieren. Zusammen mit Badekuren und dem Wandern in hügeliger Landschaft erfuhren die Kurgäste Linderung, Besserung und Heilung.

HERISAU – EINE PRISE DORF UND EINE PRISE STADT

Herisau ist mit 16 000 Einwohnern der grösste Ort im Appenzellerland. Früher teilten sich Trogen und Herisau die Verwaltung des Kantons Appenzell Ausserrhoden. Heute sind alle Bereiche hier zentralisiert. In Herisau treffen sich Bauern und Bäuerinnen in schönen Trachten mit modernen Touristen aus aller Welt. Niemand scheint sich an den Gegensätzen zu stören. Zu den meistbesuchten Sehenswürdigkeiten gehören der Dorfkern, welcher den Charakter einer Altstadt hat, aber keine ist, und die reformierte Pfarrkirche St. Laurentius, 1520 im spätgotischen Stil erbaut.

APPENZELL INNERRHODEN – GASTFREUNDSCHAFT UND HERZLICHKEIT

Die landschaftliche Schönheit kann buchstäblich mit Händen gegriffen werden. Wie Spielzeughäuser sind die kleinen Bauerngüter über die Wiesen verteilt. Der Hauptort Appenzell liegt in der Talmulde der Sitter, von sanften Hügeln und hohen Bergen umrahmt. Das Ortsbild wird geprägt von den farbig gestalteten Bauten aus der Zeit nach dem verheerenden Brand anno 1560. Noch nie habe ich irgendwo so viele Restaurants und Cafés auf kleinstem Raum gesehen wie hier. Eigentlich gilt das Gleiche auch für die Klöster, Kirchen und Kapellen. Es lohnt sich, die jährlich im Frühling stattfindende Landsgemeinde zu besuchen. Direkter geht Demokratie nicht. Glarus und Appenzell Innerrhoden sind die letzten Stände, wo diese Tradition überleben konnte.

2 | Gais 3 | Alpstein mit Fälensee 4 | Appenzell, Landsgemeinde 5 | Silvesterchläuse Appenzell Ausserrhoden

DER LOTSE

Das Appenzellerland ist ein Eldorado für Wanderer. Und es ist vergleichsweise bequem und entspannend, Hügel um Hügel zu erobern und die Traumaussicht zu geniessen. Nirgendwo in der Schweiz wird so oft unterwegs auch für das körperliche Wohl gesorgt wie hier: Dreiunddreissig Berggasthäuser halten Essen und Trinken für durstige und hungrige Wanderer bereit. Die Wander- und Bergwege sind vorbildlich ausgeschildert, so dass man jederzeit weiss, wo man sich befindet. Und wer vor lauter Idylle und Gemütlichkeit im Alpstein übernachten möchte, macht die Alpwirte glücklich.

APPENZELLER KÄSE – DAS REZEPT BLEIBT GEHEIM

In der Schaukäserei Stein, auf der Höhe im Dreieck Herisau-Teufen-Appenzell, können die Besucher der Käseproduktion zuschauen. Alles ist übersichtlich. Weil die Pflege der Laibe mit der Kräutersulz das Besondere ist, machen die Appenzeller Käser aus der Zusammensetzung ein Geheimnis und haben damit eines der besten Marketingkonzepte in der Markenpolitik. Im Appenzellerland und in kleinen Teilen des Kantons Thurgau, wo der Käse exklusiv hergestellt wird, werden die Kühe ausschliesslich mit Gras und Heu gefüttert.

NOCH MEHR APPENZELLER ERLEBNISSE

- Das Kinderdorf Pestalozzi in Trogen, Mitte der Vierzigerjahre von Walter Robert Corti erbaut, beherbergt ein Museum der anderen Art. Es gibt Führungen für die ganze Familie.
- Eine besondere Welt für gastronomische Geniesser ist eines der schönstgelegenen Restaurants Europas auf dem Gupf bei Rehetobel.
- In Gontenbad wird im einzigartigen Naturmoorbad Wohlbefinden für alle Sinne geboten.
- In Teufen, wo der Gesundheitspionier Alfred Vogel mehr als 60 Jahre lang als Naturarzt wirkte, steht auch heute noch das Gesundheitszentrum mit einem grossen Heilkräuter-Schaugarten.
- Ein Event für Berggänger ist die geführte Wanderung «Rondom» um den Hohen Kasten mit den Themen Natur und Geschichte der Seilbahn und dem Drehrestaurant am Ziel.

HOTEL-TIPPS

- **ROMANTIK HOTEL SÄNTIS** 9050 Appenzell
  Tel. 071 788 11 11 | www.saentis-appenzell.ch
- **HOTEL KAUBAD** 9050 Appenzell
  Tel. 071 787 48 44 | www.kaubad.ch
- **HOTEL HEIDEN** 9410 Heiden
  Tel. 071 898 15 15 | www.hotelheiden.ch
- **HOTEL HERISAU** 9100 Herisau
  Tel. 071 354 83 83 | www.hotelherisau.ch

1 | Davos-Laret

Sargans Bad Ragaz Klosters Davos

DER LOTSE

Auf unserer Reise nach Davos verlassen wir das Appenzellerland durch das Dorf Gais und den Passübergang Stoss (AR), um auf einer kurvenreichen Strasse ins St. Galler Rheintal zu gelangen. Neben der Strasse führt auch eine Schmalspurbahn von Gais nach Altstätten.

Das St. Galler Rheintal ist zwar wirtschaftlich top, wird aber von den Touristen meist durch- oder umfahren. Der Besuch von Altstätten und dem Grenzort Buchs lohnt sich aber auf jeden Fall. Hier erreichen wir auch die Grenze zum Fürstentum Liechtenstein. Ein Abstecher in den Hauptort Vaduz mit seinem hoch über dem Tal thronenden Schloss des Fürsten empfiehlt sich ebenfalls.

SARGANS – DAS TOR ZUM HEIDILAND

Das von weither gut sichtbare Schloss ist das Wahrzeichen des kleinen Grafenstädtchens am Verkehrsknotenpunkt «Graubünden-Zürich-St. Gallen-Österreich-Deutschland». Mit dem Pizol auf der anderen Talseite und dem nahen Sommer- und Wintersportort Flumserberg bietet Sargans alles, was es für erholsame Ferien braucht. Weil wir dem Walensee nicht direkt begegnen, soll er mit seinem östlich gelegenen Städtchen Walenstadt mindestens erwähnt werden. Eine Wanderung in das kleine Dörfchen Quinten, das bis heute autofrei geblieben ist, wird in Erinnerung bleiben. «Heidiland» ist heute die touristische Marke der Ferienregion zwischen dem Walensee und dem Thermalkurort Bad Ragaz. Zwar geht der Begriff auf die literarischen Figuren von Heidi und Co. zurück, was aber bei der Vermarktung nicht thematisiert wird.

BAD RAGAZ – SCHÖN & GESUND DURCH THERMALWASSER

Die Heilkraft des Quellwassers aus der Tamina-Schlucht ist legendär. Die ersten Badekuren in Ragaz wurden vor über 600 Jahren angeboten. Damals wurden die Patienten in ein Tuch gewickelt und an einem Seil in die Schlucht mit dem warmen Thermalwasser hinuntergelassen. Heute stehen Gesundheit, Beauty und Wellbeing im Vordergrund. Das Medizinische Zentrum und ein Ärztehaus geniessen weit über die Landesgrenzen hinaus einen hervorragenden Ruf. Zum Wohnen und für den Urlaub gibt es Hotels jeder Preisklasse und einfache Pensionen.

2 | Schloss Sargans mit Gonzen 3 | Aeujatal bei Klosters 4 | Bad Ragaz, Tamina Therme (öffentliches Thermal-Heilbad) 5 | Klosters

DER LOTSE

Die Bündner Herrschaft (ein Weinbauparadies), den nördlichsten Teil Graubündens, sollte jeder Schweizreisende besuchen. Der Weg zum nächsten Ziel Klosters führt uns durch das rund 40 Kilometer lange Tal der Landquart. Im Spätmittelalter wanderten alemannische Walser ins Tal ein. Dies hört man noch heute gut am Dialekt. Die schönsten Dörfer liegen oben in den Bergen: Seewis, St. Antönien, Fanas, Valzeina und Furna. Sie profitieren von der grossen Distanz zu den Verkehrsträgern und können so ihren Gästen Natur und Ruhe pur bieten.

KLOSTERS – WO PRINZ CHARLES SKIFAHREN LERNTE

Der Ort bietet einen besonderen Mix aus prominentem Bergferienort und der Idylle eines ursprünglichen Bündner Dorfes. Eingebettet im ländlich gebliebenen Teil des Prättigaus bildet es einen starken Kontrast zur sehr nahen städtischen Alpenmetropole Davos. Besonders Familien fühlen sich hier wegen der vielen kinderfreundlichen Einrichtungen wohl. Die Gotschnabahn auf den Hausberg von Klosters bringt die Wanderer und Skifahrer in die Sportarena von Davos. Einen Rekord kann Klosters-Davos bei den Kinderwagen-freundlichen Spazierwegen verbuchen: 700 km! Natur-, Gesteins- und Waldlehrpfade bieten sich fürs Gehirnjogging an, wobei der Energiespürweg besonders kreativ ist. Ein Kräutergarten und der Abenteuerpark Madrisa runden das Angebot ab.

DAVOS – HÖCHSTGELEGENE STADT EUROPAS

Geheilte Tuberkulosekranke im 19. Jh. machten Davos als Luftkurort berühmt. Mit dem Bau der Rhätischen Bahn von Landquart über den Wolfgangpass (Eröffnung 1890) wurde die Entwicklung des Kur- und Tourismusortes stark beschleunigt. Hotels, Sanatorien, Pensionen und Villen schossen wie Pilze aus dem Boden. Heute zählt Davos rund 5500 Betten in Hotels und 16 000 in Ferienwohnungen. Damit ist Davos grösster Gastgeber Europas. Weltweit bekannt wurde Davos auch durch das WEF (World Economic Forum), an dem sich jedes Jahr im Januar über 2500 führende Persönlichkeiten treffen, wovon rund 250 Staats- und Regierungschefs, Minister und Spitzenvertreter von UNO, WTO und der Weltbank.

HOTEL-TIPPS

- **GRAND HOTEL QUELLENHOF & SPA SUITES** 7310 Bad Ragaz | Tel. 081 303 30 30 www.resortragaz.ch
- **HOTEL HITSCH-HUUS** 7215 Fanas Tel. 081 325 14 19 | www.hitschhuus.ch
- **SUNSTAR HOTEL KLOSTERS** 7252 Klosters Tel. 081 423 21 00 | www.sunstar.ch
- **HOTEL WALSERHOF** 7252 Klosters Tel. 081 410 29 29 | www.walserhof.ch
- **CHALET-HOTEL LARIX** 7270 Davos-Platz Tel. 081 413 11 88 | www.hotel-larix.ch
- **HOTEL WALSERHUUS SERTIG** 7272 Davos Sertig Tel. 081 410 60 30 | www.walserhuus.ch

1 | Scuol

Scuol Tarasp Guarda Fuldera

DER LOTSE

Bevor 1999 der fast 20 km lange Vereinatunnel eröffnet wurde, war die Fahrt vom Prättigau über den Flüelapass ins Engadin oft ein hartes Stück Arbeit. Heute wird die Strasse nur noch auf Davoser Gebiet im Winter für Testfahrten eines bekannten Autoherstellers geräumt. Von Selfranga bei Klosters bis Sagliains im Engadin dauert die Fahrt mit Autoverlad gerade noch 18 Minuten. Von Davos aus lohnt sich aber im Sommer die Fahrt mit dem Postbus oder dem eigenen Auto über den Pass. Auf 2383 Metern kommen wir zu einer der ganz wichtigen Wasserscheiden in Europa. Während die Flüela über den Landwasserfluss und die Albula in den Rhein und damit in die Nordsee fliesst, reist das Wasser auf der Engadiner Seite über den Inn und die Donau ins Schwarze Meer. Wem es auch mit dem Postauto zu schnell geht, kann von Davos bis zum Flüela-Hospiz mit der Postkutsche, von sechs kräftigen Pferden gezogen, gemütlich auf den Pass fahren.

SCUOL – SONNENVERWÖHNT – INTAKTE NATUR

Noch nicht einmal zwanzig Jahre sind es her, als man noch von den Unterengadinern korrigiert wurde, wenn man das Bad vor dem Ort wegliess.

Scuol (sprich schkuol) hat sich scheinbar emanzipiert. Alle Welt weiss, dass hier und in den Nachbardörfern Bad Tarasp-Vulpera Gesundheits- und Erlebnisbäder zum Badegenuss einladen. Die Bäder werden von 25 Mineralquellen gespeist. Eine besondere Attraktion ist das erste römisch-irische Bad der Schweiz. Sogar aus den Dorfbrunnen sprudelt echtes Mineralwasser! Der Hausberg der Region, Motta Naluns, ist Ausgangspunkt für Wanderer, Biker, Gleitschirmpiloten, Skifahrer, Langläufer und Snowboarder.

FTAN – DAS SONNENPLATEAU FÜR GENIESSER

Auf 1650 Metern über Meer liegt der beliebte Ferienort mit gepflegten Hotels für unterschiedliche Ansprüche. Die auf der anderen Talseite liegende Bergkette der «Unterengadiner Dolomiten» bietet ein grossartiges Panorama. Hier kommen Wanderer und Skifahrer gleichermassen auf ihre Rechnung. Überdurchschnittlich ist das gastronomische Angebot.

SENT – ARCHITEKTONISCH AUSSERGEWÖHNLICH

Die typische Senter Architektur mit den auffällig gestalteten Giebeln, die markante Dorfkirche mit dem eigenwilligen Turm und das aktive Leben der Bauern machen das stattliche Dorf zu etwas Besonderem. Sent und das Gebiet Su En sind ideale Ausgangspunkte in die Täler Val Sinestra und Val d'Ulina.

2 | Schweizerischer Nationalpark 3 | Ftan 4 | Tarasp, Schloss Tarasp 5 | Guarda

DER LOTSE

Das nächste Ziel erreichen wir bequem mit der Rhätischen Bahn, die uns in 13 Minuten zum Bahnhof Guarda bringt. Wäre da nicht ein kleiner Postbus, mit dem wir zum hochgelegenen Dorf (1653 m ü. M.) fahren könnten, müssten wir schwitzen. Bevor ich überhaupt wusste, dass Guarda die Heimat von Alois Carigiets weltberühmten «Schellen-Ursli-Illustrationen» ist, schwärmte ich schon von diesem paradiesischen Ort.

GUARDA – SCHÖNHEIT UND RUHE

Auf der sonnigen, nach Süden orientierten Terrasse steht das kleine Dorf. Sein Charme und das prächtige Dorfbild mit den sgraffitigeschmückten Engadinerhäusern lässt niemanden unberührt. 1975 bekam Guarda den begehrten Henri-Louis-Wakker-Preis. Es gehört zudem zum Inventar der Kulturgüter von nationaler Bedeutung. Damit Immobilienspekulationen das Wohnen für Einheimische nicht unmöglich machen, hat die Gemeinde neben dem alten Dorfkern eine kleine Bauzone ausgeschieden. Das Land wird an Einheimische und Neuzuzüger günstig abgegeben. Gesprochen wird hier selbstverständlich Rätoromanisch.

ZERNEZ – TOR ZUM NATIONALPARK

Wer Zernez sagt, denkt zuerst einmal an den Schweizerischen Nationalpark: Das grösste Naturschutzgebiet der Schweiz mit seinen vielen Alptieren und Alpenpflanzen ist über 170 Quadratkilometer gross. Die faszinierende Wildnis kann auf guten Wegen durchwandert werden. Zernez ist auch Standort des Besucherzentrums «Nationalpark», das ganzjährig geöffnet ist. Die sympathische Engadiner Gemeinde zwischen Scuol und St. Moritz ist idealer Ausgangspunkt zur Erkundung des Dreiländerecks Schweiz-Italien-Österreich. Von hier aus startet die Postautolinie ins Val Müstair und führt über den Ofenpass an die italienische Grenze. Sehr beliebt ist auch die Fahrt mit dem gelben Bus in das italienische Zollfrei-Dorf Livigno. Die Reisezeit beträgt 45 Minuten.

HOTEL-TIPPS

- **HOTEL BELVEDERE** 7550 Scuol
  Tel. 081 861 06 06 | www.belvedere-scuol.ch
- **HOTEL REZIA** 7554 Sent
  Tel. 081 864 12 92 | www.rezia.ch
- **HOTEL PARADIES** 7551 Ftan
  Tel. 081 861 08 08 | www.paradieshotel.ch
- **SCHLOSSHOTEL CHASTÈ** 7553 Tarasp/Sparsels
  Tel. 081 861 30 60 | www.schlosshoteltarasp.ch
- **HOTEL MEISSER** 7545 Guarda
  Tel. 081 862 21 32 | www.hotel-meisser.ch
- **LANDGASTHOF STAILA** 7533 Fuldera
  Tel. 081 858 51 60 | wwwhotel-staila.ch

1 | Silsersee

Zuoz
Celerina
Pontresina
St. Moritz
Sils

DER LOTSE

St. Moritz ist einer der bekanntesten Ferienorte der Welt. Hier treffen sich nicht nur die Schönen und die Reichen, die schick, elegant und exklusiv sind und unter sich bleiben. Dank der romanischen Sprache, der Nähe zu Italien und der mehrheitlich deutschsprachigen Ortsbevölkerung kommen auch drei Kulturen zusammen. Statistiker wollen errechnet haben, dass hier oben an durchschnittlich 322 Tagen im Jahr die Sonne scheint, was wohl viel zum trockenen und anregenden «Champagnerklima» (hat nichts mit dem Cüpli zu tun) beiträgt. St. Moritz wurde aber auch durch Sportanlässe berühmt: Winterolympiaden, Cresta Run, Pferderennen auf dem gefrorenen See, Engadiner Skimarathon, Polo-, Cricket-, Golf- und Curling-Turniere und viele andere. Das Oberengadin hat aber noch viel mehr zu bieten. Diesen etwas weniger von Stil, Eleganz und Klasse geprägten Orten wollen wir uns nun zuwenden.

ZUOZ – MISS ORTSBILD

Rund 20 Minuten dauert die Fahrt mit der Rhätischen Bahn von Zernez nach Zuoz, eine Viertelstunde mit dem Auto. Das Ortsbild gilt als das schönste im Oberengadin und ist eine Reise (oder einen Halt) wert. Staunend spazieren wir durch den historischen Dorfkern mit den stolzen Patrizierhäusern, die hier so gut erhalten sind, dass man glauben könnte, das Dorf sei im 20. Jahrhundert erbaut worden. Zuoz hat sich für den Tourismus bestens gerüstet und empfiehlt sich für Sommer- und Winterferien.

CELERINA – KEINESFALLS EIN KELLERKIND

Das Nachbardorf von St. Moritz steht nicht im Geringsten im Schatten des Nobelkurortes. Landschaftlich ist die Lage kaum zu überbieten.

Hier klettert die älteste Bergbahn des Kantons auf den Wander- und Schlittelberg Muottas Muragl mit seiner atemberaubenden Aussicht. Wie St. Moritz liegt Celerina am Skigebiet Corviglia / Marguns: Spass ohne Grenzen direkt vor der Haustüre. Die innovativen Hotels laden am Abend zu Konzerten ein und jeden Mittwoch gibt es Jazz, Swing und Blues, live, weshalb Celerina auch das «New Orleans der Alpen» genannt wird.

PONTRESINA – NAHE DEN GROSSEN BERGEN

Imposante Gipfel und Gletscherwelten umrahmen den sonnigen Ferien- und Höhenkurort Pontresina. Das Dorf ist idealer Ausgangspunkt für Alpinisten. Auch weniger Geübte

2 | Engadiner Skimarathon bei St. Moritz 3 | Schlittenhundrennen in Sils 4 | Zuoz 5 | Celerina

können geführte Wanderungen unternehmen und vielleicht zum ersten Mal im Leben einen Gletscher begehen (zum Beispiel den Morteratsch). Ein tolles Erlebnis ist ein Tagesausflug mit der Berninabahn über den gleichnamigen Pass ins italienische Tirano. Die Albula- und Berninalinie der RhB gehören zu den eindrücklichsten Alpenüberquerungen. Seit dem Sommer 2008 gehört die Strecke von Thusis bis Tirano zum UNESCO-Welterbe.

DER LOTSE

Ferienorte wie S-chanf, Madulain, La Punt, Bever, Samedan (mit dem Engadiner Flugplatz), Silvaplana und Maloja werden sich beim Betrachten und Lesen der 10. Etappe übergangen fühlen. Das macht mich selbstverständlich auch traurig, haben doch alle ihre Reize und meine Sympathie. Leider ist beim Strickmuster dieses Souvenirbuches wenig Breite und Tiefgang möglich. Alle sind deshalb eingeladen, bei der Reise durch die Schweiz eigene Entdeckungen zu machen.

SILS – DER KULTURHAUPTORT

Bedeutende Maler, Schriftsteller und Musiker liessen sich von der grossartigen Weite der Seen-Landschaft und diesem wechselnden, zauberhaften Licht inspirieren. Nietzsche, Beuys und David Bowie trugen dazu bei, dass der Ort Kulturstatus erhielt. Märchenhaft, eingebettet zwischen Silvaplaner- und Silsersee, liegt der Kraftort am Eingang zum vielbesuchten Fextal und ist idealer Ausgangspunkt für ausgedehnte Spaziergänge. Auf dem Hausberg Furtschellas finden Wanderer und Alpinisten geeignete Routen. Auf einer Schifffahrt – es ist der höchstgelegene Kursschifffahrtbetrieb Europas – lässt sich die eindrückliche Oberengadiner Bergkulisse geniessen.

HOTEL-TIPPS

- **HOTEL ENGIADINA** 7524 Zuoz
  Tel. 081 851 54 54 | www.hotelengiadina.ch
- **HOTEL CHESA ROSATSCH** 7505 Celerina
  Tel. 081 837 01 01 | www.rosatsch.ch
- **HOTEL WALDHAUS AM SEE** 7550 St. Moritz
  Tel. 081 836 60 00 | www.waldhaus-am-see.ch
- **HOTEL CHESA GUARDALEJ** 7512 St. Moritz-Champfèr
  Tel. 081 836 63 00 | www.chesa-guardalej.ch
- **HOTEL PRIVATA** 7514 Sils-Maria
  Tel. 081 832 62 00 | www.hotelprivata.ch
- **HOTEL SERAINA** 7514 Sils-Maria
  Tel. 081 838 48 00 | www.hotel-seraina.ch

1 | Glacier-Express bei Bergün / Bravuogn

Savognin
Bergün
Lenzerheide
Chur
Arosa

DER LOTSE

Heute starten wir bereits zur vierten Etappe im Bündnerland, dem flächenmässig grössten Kanton der Schweiz. Es folgen zwei weitere. Die Zahlen des einzigen dreisprachigen Kantons sind beeindruckend und beweisen gleichzeitig, dass hier der Tourismus das wichtigste Standbein der Wirtschaft ist: Es gibt 615 Seen, 150 Täler und über 900 Berggipfel. Der höchste Punkt liegt auf 4049 m (Piz Bernina), der tiefste auf 260 m im italienischsprachigen Misox an der Tessiner Grenze. Von den rund 200 000 Einwohnern leben knapp die Hälfte in einer Höhe über 1000 m.

DER JULIERPASS – ANGELEGT VON DEN RÖMERN

Wir verlassen das Engadin über die gut ausgebaute Julierstrasse und erreichen mit Bivio das erste Dorf des Oberhalbsteins (Surses). Wer hier einen langen Aufstieg erwartet, wird überrascht sein, wie schnell die Passhöhe auf 2284 m erreicht ist. Das leuchtet ein, liegt doch der Ausgangspunkt Silvaplana auf 1800 m. Die heutige Strasse wurde bereits 1826 gebaut. Die Etappe kann auch mit dem Postauto der Julierpass-Linie ohne Umsteigen von St. Moritz über Bivio, dem Marmorera-Stausee entlang, Savognin, Tiefencastel und Lenzerheide bis in die Hauptstadt Chur zurückgelegt werden. Die Reisezeit beträgt genau 2 Stunden.

SAVOGNIN – RUHE UND WENIG RAMBA-ZAMBA

Die eindrückliche Berglandschaft mit steilen, tiefen Schluchten, markanten Bergketten und hügeligen Alpwiesen ist bestens geeignet, aktive Ferien zu verbringen. Dies trifft für Sommer und Winter zu. Als Junge wanderte ich im Oberhalbstein eine ganze Woche in einem Gebiet, das heute mit dem riesigen Marmorera-Stausee für immer zugedeckt bleibt. Der eher ruhige, kleine Ferienort Savognin hat sich wegen seines grossen Wandergebietes und den breiten Pisten im Winter als Destination für Familien etabliert.

DER LOTSE

In Tiefencastel treffen wir erstmals wieder auf die Rhätische Bahn. Es lohnt sich, einen Ausflug ins Albulatal zu machen: Die 122 km lange Strecke von Thusis über den Albula- und den Berninapass nach Tirano ist in die Liste des UNESCO-Welterbes aufgenommen worden. Unseren ersten Halt machen wir in Bergün, dem schön gelegenen Bergdorf mit malerischen, reich verzierten Engadiner Häusern und der 800-jährigen romanischen Kirche. Ein besonderes Erlebnis

2 | Tinizong, Savognin, Salouf 3 | Lenzerheide, Heidsee 4 | Chur 5 | Arosa, Schwellisee

ist die Fahrt mit der RhB von Bergün nach Preda, dem Herzstück der Albulalinie. Weil im Winter der Übergang ins Engadin geschlossen ist, wird die Strasse zum herrlichen Schlittelweg. Die Bahn übernimmt den Rücktransport.

LENZERHEIDE – HOCHTAL FÜR ANSPRUCHSVOLLE

Der Tourismus auf der Lenzerheide begann 1882, als die Sennerei in ein Hotel und Kurhaus umgebaut wurde. In den folgenden Jahrzehnten wurden viele weitere Hotels und auch Ferienwohnungen gebaut. Obwohl Lenzerheide seinen Gästen heute praktisch alles bieten kann, was das Herz begehrt, blieben die etwas tiefer gelegenen Bauerndörfer bestehen. Einen ganz besonderen Stellenwert hat der Heidsee für die Feriendestination. Dank ihm kann open air gebadet, gesurft und gefischt werden. Vielleicht genügt es ja schon, die vom Wandern müde gewordenen Beine im See baumeln zu lassen und die herrliche Bergluft einzuatmen.

DER LOTSE

Auf einer relativ steilen Strasse mit vielen Kurven erreichen wir nach kurzer Zeit Chur, Kantonshauptstadt und älteste Stadt der Schweiz. Chur ist zwar kein Feriendomizil, aber ein Zwischenhalt (auch mit Übernachtung möglich) ist empfehlenswert. Bei einer Stadtführung lernt man viele Zeugen der Vergangenheit kennen und erfährt Schreckliches aus Bürgerkriegen. Aber das war gestern. Heute pulsiert die Stadt, die für eine grosse Region Dienstleister ist und kulturelle Bedürfnisse abdeckt. Davon zeugen viele Spezialgeschäfte und Warenhäuser, Museen, Theater und Tonhalle sowie der Bahnhof und das eindrückliche Postauto-Terminal als Drehscheibe für die Bergwelt Graubündens.

AROSA – TRADITION UND KONSTANZ

Wir machen diesen Abstecher in den zuoberst im Schanfigg liegenden Ferienort, der seit 150 Jahren als alpiner Klimakurort gilt, weil auf unserer Schweizer Reise sonst etwas fehlen würde. Arosa erreicht man mit der Rhätischen Bahn oder mit dem Auto über 360 Serpentinen (enge Kurven) und durch viele Tunnels. Beim Projekt «kurvensicher» waren die Aroser besonders innovativ: Jedermann hat die Möglichkeit, eine Patenschaft für eine der 360 Kurven zu erwerben. Viele Familien kommen seit Jahrzehnten ins Schanfigg, weil sie hier so etwas wie ein zweites Zuhause gefunden haben. Medienmässig profitiert die Station sehr vom jährlich im Dezember stattfindenden Humorfestival.

HOTEL-TIPPS

- **HOTEL WEISSES KREUZ** 7482 Bergün/Bravuogn
  Tel. 081 407 11 61 | www.weisseskreuz-berguen.ch
- **HOTEL SCHWEIZERHOF** 7078 Lenzerheide
  Tel. 081 385 25 25 | www.schweizerhof-lenzerheide.ch
- **HOTEL ALPINA** 7076 Parpan
  Tel. 081 382 01 01 | www.hotelalpinaparpan.ch
- **ROMANTIK HOTEL STERN** 7000 Chur
  Tel. 081 258 57 57 | www.stern-chur.ch

1 | Caumasee, Flims

FLIMS LAAX FALERA

DER LOTSE

Wer sich von Chur Richtung Oberalp- oder Lukmanierpass auf den Weg macht, muss bereits beim Bahnhof entscheiden, ob er im Talkessel oder auf der linken Talseite reisen will. Die Ziele Ilanz, Vals (umsteigen in Ilanz), Disentis, Sedrun und viele andere Dörfer im Bündner Oberland (Surselva) erreicht man am schnellsten mit der Rhätischen Bahn. Unsere Schweizer Reise führt uns aber zuerst nach Flims. Also besteigen wir jenes der modernen Postautos, das uns in einer knappen halben Stunde mitten ins Wanderparadies fährt. Sommer- und Wintergäste unterscheiden sich in Ganzjahres-Feriendestinationen selten so sehr wie hier. In der warmen Jahreszeit beherrschen Familien und Wanderfreaks die Szene, im Winter kommen die Menschen wegen der 200 Pistenkilometer und der schneesicheren Hänge in die «Weisse Arena», die mit vielen weiteren rekordverdächtigen Zahlen aufwarten kann.

FLIMS – DAS PARADIES FÜR SOMMERFRISCHLER

Die beeindruckende Landschaft mit dem Hochplateau entstand nach dem berühmten Bergsturz Ende der Eiszeit, bei dem 13 Kubikkilometer Fels in die Tiefe stürzten. Diesem Unglück verdankt die Region aber nicht nur die sonnige Hochebene, sondern auch die Badeseen Cauma, Cresta und Laax wie auch die wilde Schlucht des Vorderrheins. Dass hier viele Menschen ihren Urlaub verbringen wollen, beweisen auch die zahlreichen Hotels und Pensionen. Sie sind jeder Aufgabe gewachsen: Als das Bundeshaus in Bern umgebaut wurde, tagten die Eidgenössischen Räte (246 Damen und Herren) im Herbst 2006 während drei Wochen im Grand Hotel Waldhaus.

LAAX – EIN ELDORADO FÜR WINTERSPORTLER

Die drei Dörfer der Weissen Arena sind bis heute alle selbständig geblieben. Während in Flims heute meistens Deutsch gesprochen wird, ist in Laax und Falera Romanisch immer noch die Amtssprache. Das Skigebiet ist riesig und bietet Anfängern wie Könnern unzählige Möglichkeiten. Höchster Punkt ist der Vorabgletscher auf 3000 m ü. M. Spezielle

2 | Klettergarten, Flims 3 | Snowboard-Contest Laax 4 | Rheinschlucht 5 | Falera

Pisten nur für Snowboarder haben Laax zum Mekka dieser Sportart gemacht. Partys, Konzerte und innovative Hotels ziehen viele jüngere Gäste an.

DER LOTSE

Flims, Laax und Falera bieten natürlich viel mehr als Wandern und Skifahren. Zum Beispiel für Mountainbiker: 350 Kilometer Abenteuer. Oder für Wasserratten: drei Badeseen, viele Wellness-Angebote, für Mutige River Rafting auf dem Rhein. Auch Gourmets kommen nicht zu kurz: Wer die anspruchsvolle Küche liebt, hat die Qual der Wahl. Für Familien ist Langeweile sicher kein Thema: Kinder- und Jugendprogramme sorgen für Abwechslung.

FALERA – BAUERNDORF, PERLE FÜR RUHESUCHENDE

Abseits der Hauptstrasse, hoch über dem Tal liegt die kleine Gemeinde mit knapp 600 Einwohnern. Hier fühlen sich Ruhesuchende im Paradies. Die Aussicht ins Rheintal bis nach Chur, ins Lugnez und bis weit in die obere Surselva ist atemberaubend.

Auch Falera litt lange Zeit stark unter der Abwanderung. Erst der Tourismus brachte mit neuen Arbeitsplätzen die Wende. Er kann auch jungen Familien wieder eine Existenz bieten. Der Bau der Bahn von Falera nach Curnius und damit der direkte Anschluss an die Ski- und Wandergebiete der Nachbargemeinden Laax und Flims, mit denen das kleine Dorf heute touristisch gemeinsam auftritt, brachte den grossen Durchbruch.

HOTEL-TIPPS

- **WALDHAUS FLIMS MOUNTAIN RESORT** 7017 Flims
  Tel. 081 928 48 48 | www.waldhaus-flims.ch
- **HOTEL ADULA** 7018 Flims
  Tel. 081 928 28 28 | www.adula.ch
- **ROMANTIK HOTEL SCHWEIZERHOF**
  7018 Flims-Waldhaus | Tel. 081 928 10 10
  www.schweizerhof-flims.ch
- **HOTEL FIDAZERHOF** 7019 Flims-Fidaz
  Tel. 081 920 90 10 | www.fidazerhof.ch
- **BELLAVAL HOTEL & RESTAURANT** 7031 Laax
  Tel. 081 921 47 00 | www.hotelbellaval.ch
- **HOTEL LA SIALA** 7153 Falera
  Tel. 081 927 22 22 | www.lasiala.ch

1 | Benediktinerkloster Disentis

Vals
Breil/Brigels
Disentis
Lukmanierpass
Val Blenio

VALS – WO DAS WASSER (FAST) ALLES BESTIMMT

In einem Seitental des Bündner Oberlandes (Surselva) liegt das Valsertal mit dem gleichnamigen Bergdorf. Auf dem Dorfplatz sieht man noch ursprüngliche, mit echten Steinplatten gedeckte Walserhäuser. Seine wilde Umgebung und die Vielfalt auf engem Raum verdankt Vals der Kraft des Wassers. In Millionen von Jahren hat es das Gebirgstal geformt. Bedeutend für den Tourismus ist die 30 Grad warme Thermalquelle, die einzige im Kanton, die direkt aus dem Boden sprudelt. Stararchitekt Peter Zumthor baute das neue Thermalbad aus einheimischem Quarzit. Allein schon das zeitlose, elegante Gebäude zieht viele Menschen an, genau wie die intakte Land- und Alpwirtschaft, die im Valsertal ausschliesslich biologisch produziert.

DER LOTSE

Die wachsende Ferienregion Obersaxen-Mundaun, Ilanz und das wenig bekannte Val Lumnezia wird aus Platzgründen etwas stiefmütterlich behandelt werden. Mit der Reise durch das Bündner Oberland und über den Lukmanierpass ins Tessin wählen wir nicht den direktesten Weg. Dieser würde von Thusis über die Autobahn A3 durch das Rheinwaldtal und den San-Bernardino-Tunnel ins Misox führen. Weil sehr viele Transitreisende diese neben dem Gotthard wichtigste Nord-Süd-Strecke befahren, weichen wir über nicht so bekannte Routen aus. Nach Ilanz verlassen wir die Hauptstrasse und besuchen am Südhang die traumhaft gelegenen Dörfer Andiast, Waltensburg und Breil/Brigels, welche eine überschaubare Ferienregion bilden, in der alles ein bisschen weniger kostet.

BREIL/BRIGELS – WALTENSBURG – ANDIAST

Von Breil/Brigels und Waltensburg gelangt man mit Bergbahnen ins Ski- und Wandergebiet. Über 150 km markierte Wege, 75 km gepflegte Skipisten, 15 km gespurte Langlaufloipen und Schlittelwege bieten den Touristen im Sommer und Winter viel Abwechslung. Wer Ausgefallenes mag, besucht den alpinen Urwald «Scatlè» (der höchstgelegene Fichtenwald Europas), das Val Frisal mit übermütig dahinfliessenden Wasserläufen und einem Flachmoor mit seltener Fauna und Flora oder unternimmt die mehrtägige Wanderung «Senda Sursilvana», die vom Oberalppass nach Chur führt.

2 | Vals 3 | Val Blenio 4 | Val Frisal bei Breil / Brigels 5 | Sedrun

DAS BENEDIKTINERKLOSTER DISENTIS

Wer Disentis sagt, denkt zuerst ans Kloster. Dies schon wegen seiner Grösse, aber auch wegen seiner Bedeutung. Das im 8. Jahrhundert gegründete Kloster St. Martin – eine der ältesten Benediktinerabteien Europas – wird auch wegen der 300-jährigen barocken Stiftskirche häufig besucht. Die beiden Zwiebeltürme, die reichen Stuckaturen und die Deckengemälde sind grossartig. Heute leben und arbeiten 29 Patres und Brüder in Disentis. Über Nachwuchs brauchen sie sich keine Sorgen zu machen: Der jüngste Bruder hat Jahrgang 1978! Wer ausgelaugt oder ausgebrannt ist, dem bietet sich hier die Möglichkeit, eine Auszeit zu nehmen und den Alltag mit den Mönchen zu verbringen. Erwähnen wollen wir noch das seit vielen hundert Jahren angegliederte Gymnasium und die interessante Ausstellung im Kapitelsaal.

ANSCHLUSS AN DEN LÄNGSTEN EISENBAHNTUNNEL DER WELT?

Immer noch ist unklar, ob in sechs oder sieben Jahren mit der «Porta Alpina» ein Anschluss der Ferienregion Disentis-Sedrun an das internationale Schienennetz verwirklicht werden kann. Die Anreisezeiten würden damit von Norden und von Süden massiv verkürzt. Mit der längsten Liftverbindung der Welt würden die Reisenden vom Tunnelbahnhof direkt in die Bergwelt hinaufgefahren.

DER LOTSE

Die Passstrasse von Disentis / Sedrun ins Bleniotal ist seit ein paar Jahren (wegen Staus am Gotthard) ganzjährig befahrbar. Davon profitieren unter anderem auch die Ferienorte Campo Blenio, Acquarossa und Olivone. Schnellreisende Schweizbesucher werden kaum jemals diesen eher wenig bekannten Teil des nördlichen Tessins erreichen. Am Ende des Tales in Biasca, an der Gotthard-Autobahn gelegen, ist Ruhe und Abgeschiedenheit kein Thema mehr.

HOTEL-TIPPS

- **HOTEL THERME VALS** 7132 Vals
  Tel. 081 926 80 80 | www.therme-vals.ch
- **BIOHOTEL UCLIVA** 7158 Waltensburg/Vuorz
  Tel. 081 941 22 42 | www.ucliva.ch
- **HOTEL CRESTAS** 7165 Breil/Brigels
  Tel. 081 941 11 31 | www.crestas.ch
- **ALPENHOTEL MONTANA** 7180 Disentis/Mustér
  Tel. 081 947 45 65 | www.montana-disentis.ch

1 | Bellinzona

Bellinzona Ceneri Lugano

BELLINZONA

Die Italianità ist allgegenwärtig. Auf der Strasse und in den Lokalen wird kaum Deutsch gesprochen. Eher noch Tessiner Dialekt, der allerdings auf dem Rückzug ist, so wenigstens mein Eindruck. Er zählt zur lombardischen Sprachengruppe, den norditalienischen Dialekten, wie sie in der Lombardei, im Piemont, in Ligurien und in der Emilia Romagna gesprochen werden (Beispiel: un om al gheva dü fiöö, ein Mann hat zwei Söhne).

Bellinzona hat Denkmäler und Spuren der Epochen seiner langen Geschichte bewahrt. Sie sind lebendig im Stadtbild erhalten und man begegnet ihnen auf Schritt und Tritt. Sie sind auch in den Museen der drei Burgen über der Stadt und in der Galerie Villa dei Cedri aufgearbeitet. Die grosszügigen Plätze, die engen Winkel und kleinen Höfe in der autofreien Altstadt, die schön restaurierten Häuser und das Logen-Theater zeigen den Gästen die Entstehung der lombardischen Kulturstadt. Die nicht zu übersehenden Wehranlagen gehören zu den bedeutendsten der mittelalterlichen Verteidigungsbauten im Alpenraum. Seit dem Jahr 2000 gehören sie zum UNESCO-Weltkulturerbe.

DER LOTSE

Der Ceneri trennt den nördlichen Teil des Tessins (Sopraceneri) vom südlichen Teil (Sottoceneri), dessen wichtigstes Gebiet das Luganese ist. Vergleichbar sind Bellinzona und Lugano auf nationaler Ebene mit Bern und Zürich. In Bern und Bellinzona dominieren Politik und Verwaltung, in Zürich und Lugano die Wirtschaft (damit sind auch die Banken gemeint) und die Medien. Die besondere Bedeutung des Ceneri gilt aber nicht der Trennung der Gewalten, sondern den Verkehrswegen. Für Strassen und Schienen bildet er die einzige innerschweizerische Verbindung von Nord und Süd. Vier Verkehrsträger werden es dereinst sein: die Strasse über den Pass, die bestehende Bahnlinie, der Autobahn-Ceneri-Tunnel und der sich im Bau befindende NEAT-Basistunnel. Er führt von Camorino in der Magadinoebene nach Vezia bei Lugano. Früher war der Ceneri ein wichtiger Waffenplatz der Armee. Heute ist er unbedeutend und der Sanitäter-Schule in Airolo unterstellt.

2 | Monte Boglia, Lago di Lugano 3 | Gandria 4 | Bellinzona, Castelgrande 5 | Lugano, Parco Ciani

LUGANO – TOURISMUS, BANKEN UND DOLCE FAR NIENTE

Lugano ist die grösste Stadt in der Ferienregion Tessin. Die pulsierende Wirtschaftsmetropole ist der drittwichtigste Finanzplatz der Schweiz, was mit der Nähe zu Italien zu tun hat. Sie ist auch Businesszentrum und wichtiger Kongressort. Die vielen Vier- und Fünfsternehotels profitieren davon. Obwohl Stadt von Welt, ist Lugano aber auch überschaubar geblieben und erfreut die Besucher mit kleinen und grossen Parks, mit vielen Blumen, mit Palmen und Strassencafés, wo man (mit ein paar Ausnahmen) das ganze Jahr seinen Espresso trinken kann. Die Altstadt, mehr als City wahrgenommen, mit ihren südländischen Plätzen und Arkaden lädt zum Shoppen und Nichtstun ein. Ausstellungen von hohem Niveau bringen Menschen aus aller Welt nach Lugano. Schwerpunkte sind Kunst und Architektur. Die Stadt, in einer Bucht am Nordufer des Luganersees, auch Ceresio genannt, ist umgeben von mehreren Aussichtsbergen. Auf einige besonders schöne Flecken in unmittelbarer Nachbarschaft wollen wir uns konzentrieren.

DER LOTSE

Gandria ist die wohl romantischste Ortschaft an den Gestaden des Sees. Das Zentrum ist am steilen Hang gebaut und kann nur über Treppen und schmale Gässchen erreicht werden. Mitten in diesen verwinkelten Bauten steht die Kirche San Viglio mit barockem Innenraum und einem spätmittelalterlichen Glockenturm. Am See vor dem Dorf befindet sich das Schweizerische Zollmuseum. Für Naturfreunde ist der Besuch des Parco Civico Pflicht. Die 63 000 m² grosse grüne Lunge Luganos spendet Erholung pur. Hier darf man nicht überrascht sein, wenn man von wildfremden Menschen angesprochen wird. Das muss athmosphärisch bedingt sein. Etwa 8 Kilometer nördlich von Lugano wartet ein einsames, wildes Tal auf unseren Besuch: das Val Colla. Zwar hat es seine Liebhaber, doch bleibt viel Platz für Entdecker. Wer das Luganese wirklich kennenlernen will, muss zwei Wochen investieren.

HOTEL-TIPPS

- **CENTRO CADRO PANORAMICA** 6965 Cadro
  Tel. 091 936 07 07 | www.cadro-panoramica.ch
- **HOTEL FEDERALE** 6903 Lugano
  Tel. 091 910 08 08 | www.hotel-federale.ch
- **HOTEL BELLEVUE BELLAVISTA** 6926 Montagnola
  Tel. 091 985 89 00 | www.bellevue-bellavista.ch
- **HOTEL MOOSMANN** 6978 Gandria
  Tel. 091 971 72 61 | www.hotel-moosmann-gandria.ch

1 | Vicomorcote, Morcote, Ceresio

Melide Morcote Malcantone Ponte Tresa

DER LOTSE

Als vor 150 Jahren der Damm von Melide gebaut wurde, der die Seeenge zwischen Melide und Bissone überbrückt, hätte vermutlich niemand vorausgesagt, dass heute über diese direkte innerschweizerische Verbindung zwischen Lugano und Chiasso mehr als 50 000 Autos täglich fahren würden. Der Damm ist nebst der Autobahn auch für die Gotthardbahn und die Kantonsstrasse wichtig, die über einen Abstecher seeaufwärts die italienische Enklave Campione erschliesst, wo man im Casino einen Coup landen oder aber sich vom Geld erleichtern kann.

MELIDE – DAS SWISSMINIATUR IST EIN MUSS

Das Swissminiatur zeigt die Schweiz im Kleinformat. Über 130 detailgetreue Modelle von Schlössern, Denkmälern und Häusern sind in einem 14 000 Quadratmeter grossen Park unter freiem Himmel zu besichtigen. Es verkehren 18 Schweizer Züge auf 3,5 km Schienen, zudem Zahnradbahnen, Drahtseilbahnen, Schwebebahnen und Schiffe. Der Park Swissminiatur, 1959 erbaut, ist die einzige Ausstellung dieser Art in der Schweiz. Dass man hier an den milden Gestaden des Ceresios (Luganersee, im Tessiner Dialekt «See der Kirschbäume» genannt) auch Ferien machen kann, geht bei dieser gigantischen Fülle von realen Verkehrswegen und denjenigen im Kleinformat fast etwas unter.

DER LOTSE

Wer mit dem ÖV von Lugano dem Ceresio entlang reisen will, nimmt am besten die S-Bahn bis Melide und steigt dann ins Postauto um, das rund um den Rücken des Monte Salvatore fährt. Die Linie führt bis ins Zentrum von Lugano. Weshalb die Verkehrsplaner den Bus nicht ab Lugano Richtung Melide geführt haben, bleibt ihr Geheimnis. Eine der schönsten Wanderungen im Tessin ist jene von Lugano-Paradiso über den San Salvatore nach Morcote. Traumhafte Aussichten, eine einzigartige Flora, das 1000 Jahre alte Künstlerdorf Carona (von Meistern erbaut und bewohnt), bis zur Alpe Vicania Kastanienwälder, ein Paradies ohne Ende.

2 | Casa Santo Stefano 3 | Melide, Swissminiatur 4 | Malcantone, Kastanienwald 5 | Figino, Grotto

MORCOTE – SEHEN UND STERBEN

Das Wort stammt nicht aus der Feder von Hermann Hesse, dessen Museum auf der anderen Hügelseite in Montagnola steht. Als ich vor 45 Jahren erstmals in Morcote wohnte und unter den Lauben der Bürgerhäuser lustwandelte und die engen, verwinkelten Gassen über alles liebte, wusste ich, dass ein solch paradiesischer Ort kaum getoppt werden kann. Empfehlenswert sind auch der «Weg der Sinne» und die Wallfahrtskirche Santa Maria del Sasso in Vico Morcote, die über eine Treppe mit 400 Stufen erreicht werden kann.

MALCANTONE – DAS ANDERE TICINO

Wer den Touristenströmen ausweichen will, sollte unbedingt das Malcantone besuchen. Hier gibt es 26 Ortschaften, vom kleinen Dorf am See über Siedlungen in den weiten Hügellandschaften bis zu den Höfen der Bergbauern in höheren Lagen. Sehr zu Hause fühlt man sich im etwas behäbigen Novaggio, das eine Art Regionalzentrum ist. Der Hausberg Monte Lema ist von jedermann zu bezwingen: Man besteigt das Postauto nach Miglieglia, von wo aus eine Gondelbahn auf den Gipfel führt. Die Aussicht auf das Südtessin, die Täler um Luino und den Lago Maggiore ist einmalig. Gegen Norden und Osten schweift der Blick auf die Walliser, Berner und Bündner Alpen. Auch die Poebene und Mailand sind im Blickfeld.

PONTE TRESA – FAST SCHON ITALIEN

Ob mit Auto, Schmalspurbahn, Schiff oder Velo, wer von Lugano her hier ankommt, spürt Italien auf Schritt und Tritt. Für die Verbindung in unser südliches Nachbarland war der Grenzübergang vor dem Bau des Damms von Melide von grosser strategischer Bedeutung. Heute beherrschen Grenzgänger und Touristen die Szene. Unbedingt zu empfehlen ist der italienische Markt in Ponte Tresa, der jeden Samstag stattfindet.

HOTEL-TIPPS

- **HOTEL VILLA CARONA** 6914 Carona
  Tel. 091 649 70 55 | www.villacarona.ch
- **HOTEL CAMPIONE** 6816 Bissone
  Tel. 091 640 16 16 | www.hotel-campione.ch
- **HOTEL LAGO DI LUGANO** 6816 Bissone
  Tel. 091 641 98 00 | www.hotellagodilugano.ch
- **ALBERGO GARDENIA** 6987 Caslano
  Tel. 091 611 82 11 | www.albergo-gardenia.ch
- **CASA SANTO STEFANO** 6986 Miglieglia
  Tel. 091 609 19 35 | www.casa-santo-stefano.ch
- **TRESA BAY HOTEL** 6988 Ponte Tresa
  Tel. 091 611 27 00 | www.tresabay.ch

1 | Lago Maggiore, Gambarogno

Luino (I)
San Nazzaro
Vira Gambarogno
Tenero
Val Verzasca

DER LOTSE

Die Planung dieser Etappe für die Schweizer Reise war auch eine logistische Herausforderung. Neben vielen anderen Vorgaben bestand der Wunsch, auf der ganzen Schweizer Reise möglichst nie zweimal durch das gleiche Gebiet zu fahren. Würden wir auf Schweizer Boden ins Locarnese reisen, müssten wir den Ceneri ein zweites Mal überqueren. Mit dem kleinen, lohnenden Abstecher nach Italien kann das elegant umgangen werden. Von Ponte Tresa aus führt die Strasse der schweizerisch-italienischen Grenze entlang bis nach Monteggio, wo sich der Zoll nur wenige Kilometer vor Luino befindet. Mit dem ÖV Reisende nehmen beim Zoll in Ponte Tresa den Bus und erreichen nach einer halben Stunde das Ziel (Piazza della Libertà). Wer jetzt eine grosse italienische Stadt am Lago Maggiore erwartet hat, wird sicher etwas enttäuscht sein: Weniger als 15 000 Einwohner geniessen hier ein mediterranes Klima und haben, wenigstens während der warmen Jahreszeit, eine immerwährende Ferienstimmung. Rekordverdächtig ist der Mercato, der seit Jahrzehnten immer am Mittwoch stattfindet und für diese Kleinstadt total überdimensioniert wirkt.

GAMBAROGNO – DAS TESSINER SOMMERPARADIES

Heute heisst die neue Grossgemeinde gleich wie die Region. Im vergangenen Jahr schlossen sich Caviano, Contone, Gerra, Indemini, Magadino, Piazzogna, Sant'Abbondio, San Nazzaro und Vira zu Gambarogno zusammen. Die Riviera del Gambarogno, gerade gegenüber von Locarno und Ascona gelegen, kann mit intakten Tessinerdörfern, schönen Seepromenaden, vielen Kastanienwäldern und den unverzichtbaren Kamelien- und Magnolienblüten punkten. Von Vira führt die enge Strasse hinauf in die Bergdörfer des Alto Gambarogno und über den Neggia-Pass ins abgelegene Indemini nahe der italienischen Grenze. Das Dorf war früher bekannt und berüchtigt wegen des florierenden Schmuggels. Eher berühmt ist der Botanische Garten an der Hügelstrasse zwischen Vairano und Piazzogna, wo auf über 17 000 m² fast 1000 Sorten Kamelien und unzählige andere Pflanzen bewundert werden können.

BELLAVISTA, VIRA – DIE ANDERE ART HOTEL

Ähnlich wie der Campofelice für die Campingfans bietet die Ferienanlage den Reisenden, die ihren Urlaub am liebsten in Bungalows verbringen, seit vielen Jahrzehnten eine Heimat im Tessin. Die Lage hoch oben am Berg ist einzigartig, die

2 | Bolle di Magadino 3 | Lago Maggiore, Fallschirmspringer 4 | Lago Maggiore 5 | Verzascatal, Lavertezzo

Aussicht atemberaubend, die Atmosphäre ungezwungen. Am Abend werden die Gäste auf sympathische Art kulinarisch verwöhnt, was wohl aus vielen Erstbesuchern Stammgäste machte.

DER LOTSE

Wir fahren nun durch die Bolle di Magadino, wo nur noch im Mündungsbereich des Ticino ein geschütztes Auengebiet von nationaler Bedeutung geblieben ist. Lohnenswert ist der Besuch des Flugplatzes Locarno, der ebenfalls in der Magadinoebene liegt. In erster Linie ist er ein Mekka für Fallschirmspringer, die sich hier ausbilden lassen und an Meetings teilnehmen. Wer Privatpilot oder Berufspilot werden will, ist hier ebenfalls richtig. Viele Flugbewegungen kann man jedoch nicht bestaunen, hier gibt der Flugplatz Lugano in Agno den Ton an. Auf der Reise ins Verzascatal besuchen wir noch den Campofelice, eine der gepflegtesten und komfortabelsten Campinganlagen Europas. Der 5-Sterne-Platz verfügt über 860 Stellplätze und alle Sportarten, die das Herz begehrt. Vermarktet wird er von der Tourismus-Organisation Tenero e Valle Verzasca.

VERZASCA – DAS TAL DES GRÜNEN WASSERS

Eindrücklich, ja fast etwas beängstigend wirkt die gewaltige Staumauer, nach dem Dorf Contra benannt, welche den Eingang ins Tal versperrt. Die 380 m lange und 220 m tiefe Mauer staut die Verzasca zum künstlichen See Vogorno, der bis zum vorbildlich restaurierten Dörfchen Corippo reicht. Er dient der Stromproduktion. Erreichbar ist die Staumauer über eine zwei Kilometer lange Strasse von Gordola aus. Das Verzascatal ist eine in jeder Beziehung märchenhafte Landschaft. Anstelle der Kastanienbäume gibt es hier jede Menge Birken- und Lerchenwälder. Verschlafene Dörfer, romantische Grotti und einsame Badeplätze laden zum Verweilen ein. Das Tal des smaragdgrünen Flusses zu durchwandern, in Moorwiesen zu gehen und im Grotto Tessiner Spezialitäten (meist Wurstwaren, Risotto oder Polenta) bei einem Glas Merlot oder zwei zu geniessen, bleibt lange im Gedächtnis haften.

HOTEL-TIPPS

- **HOTEL BELLAVISTA** 6574 Vira-Gambarogno
  Tel. 091 795 11 15 | www.hotelbellavista.ch
- **HOTEL SASSA DA GRÜM** 6575 San Nazzaro
  Tel. 091 785 21 71 | www.sassdagruem.ch
- **HOTEL LA CAMPAGNOLA** 6575 San Nazzaro
  Tel. 091 785 25 00 | www.campagnola.ch
- **HOTEL CAMPOFELICE** 6598 Tenero
  Tel. 091 735 63 00 | www.campofelice.ch

1 | Ascona

LOCARNO ASCONA PORTO RONCO BRISSAGO

DER LOTSE

Wer von Norden kommend nach Locarno reist, entweder durch den 1996 eröffneten, 5,5 km langen Mappo-Morettina-Tunnel, über die Kantonsstrasse, mit Bus oder Bahn, merkt kaum, ob er nun in Minusio, Muralto oder Locarno ist. Die zwei selbständigen Vorortsgemeinden sind nämlich mit der Stadt zusammengewachsen.

Ich hatte bei der Ankunft oft das Gefühl vom Einzug ins Paradies: Das liegt sicher an der einmaligen landschaftlichen Schönheit mit Lago Maggiore, dicht bewaldeten Bergen ringsum, südländischen Pflanzen wie Zitrusbäumen und Palmen und der Tatsache, dass Locarno die wärmste Stadt der Schweiz ist. Das milde Mittelmeerklima bringt meist einen frühen Frühling, es ist für einen langen und heissen Sommer verantwortlich und garantiert einen sonnigen Herbst bis weit in den November.

LOCARNO – SÜDLÄNDISCHER CHARME

Das Herz der Stadt ist die Piazza Grande, weltbekannt durch das jährlich im Sommer stattfindende Filmfestival. Alle Gassen, welche die Altstadt umarmen, laufen auf die Piazza zu. Hier können die Besucher unter den Lauben kaufen, was das Herz begehrt. Oder in einem der vielen Strassencafés die Seele baumeln lassen. Wer sich lieber bewegt, geht ins neue Lido von Locarno, ein Eldorado für Wasserratten. Historisch und kulturell Interessierte besuchen das Castello Visconteo mit dem archäologischen Museum oder steigen hinauf zur Wallfahrtskirche Madonna del Sasso.

ASCONA – TESSINER TREFFPUNKT FÜR ALLE SCHICHTEN

Dieses schöne Fleckchen Erde mit seiner einmaligen Sicht weit hinunter nach Italien wird meistens mit der mondänen, exklusiven Gesellschaft in Verbindung gebracht. Boutiquen und Galerien gibt es zwar wie Sand am Meer. Und doch hat Ascona das Charakteristische eines Fischerdorfes behalten. Der berühmte Ferienort wird von den Tourismus-Verantwortlichen als «Perle des Lago Maggiore» bezeichnet. Wer damit die privilegierte Lage, die Tradition, das hohe kulturelle Niveau, die gastronomischen Tempel und die Liste der berühmten Stammgäste meint, liegt wohl richtig. Ascona hat aber auch Platz für Revolutionäre, Romantiker und Ausgebrannte. Davon erzählt uns die Geschichte vom Monte Verità, wo Ende 19. Jahrhundert Akademiker die alternative Form des Lebens suchten und realisierten (www.monteverita.org).

2 | Locarno, Madonna del Sasso 3 | Filmfestival Locarno, Piazza Grande 4 | Isola di Brissago 5 | Brissago, Lago Maggiore

DER LOTSE

Bei dieser allgemeinen Betrachtung sind wichtige Sehenswürdigkeiten zu kurz gekommen. Wir wollen sie hier noch auflisten: die Altstadt Borgo rund um die Kirche San Pietro e Paolo und das Kunstmuseum – sehenswert ist das reiche Erbe an Kultur und Kunst aus dem Mittelalter und der Renaissance –, vielseitig auch die Spuren der Künstler, die hier seit dem 17. Jahrhundert lebten – und die unzähligen Möglichkeiten, Natur pur in der nächsten Umgebung zu geniessen (zum Beispiel auf einem ausgedehnten Spaziergang über den Monte Verità nach Ronco, der mit atemberaubender Aussicht belohnt wird).

BRISSAGO UND DIE BRISSAGO-INSELN

Die kleine Ortschaft direkt an der italienischen Grenze kontrastiert ziemlich stark mit Ascona. Obwohl die landschaftlichen und klimatischen Voraussetzungen ziemlich gleich sind, fühlt man sich in einer anderen Welt. Wer Ruhe sucht und von den malerischen Winkeln in den terrassierten Dorfteilen angetan ist, wird sich hier wohl fühlen.

Brissago wurde wegen seiner Tabak- und Zigarrenfabrik berühmt (heute weiss vielleicht nicht mehr jedes Kind, was eine Brissago ist). Fast ebenso bekannt sind seine Inseln. Von 1885 bis 1928 legte die russische Baronin Antoinette Saint-Léger hier einen als Paradies gedachten Botanischen Garten an. Der Warenhauskönig Max Emden kaufte die Inseln und führte das Werk fort. Heute steht alles unter der Obhut des Kantons Tessin, der die Anlage verwaltet und ein Restaurant führt. Die Inseln sind mit dem Schiff leicht erreichbar. Zum Pflichtprogramm gehört auch der Besuch der hochgelegenen Nachbargemeinde Ronco mit seiner etwas überdimensionierten Kirche San Martino. Hier wohnen zahlreiche Künstler und ehemalige Wirtschaftsführer in südlich anmutenden Villen und geniessen ihren Lebensabend standesgemäss.

HOTEL-TIPPS

- **HOTEL BELVEDERE** 6600 Locarno
  Tel. 091 751 03 63 | www.belvedere-locarno.ch
- **RAMADA HOTEL LA PALMA AU LAC**
  6602 Locarno-Muralto | Tel. 091 735 36 36
  www.ramada-treff.ch
- **HOTEL ASCONA** 6612 Ascona
  Tel. 091 785 15 15 | www.hotel-ascona.ch
- **ART HOTEL RIPOSO** 6612 Ascona
  Tel. 091 791 31 64 | www.hotel-riposo.ch
- **HOTEL LA ROCCA** 6613 Porto Ronco
  Tel. 091 785 11 44 | www.la-rocca.ch
- **PARKHOTEL BRENSCINO** 6614 Brissago
  Tel. 091 786 81 11 | www.brenscino.ch

1 | Val Bavona

INTRAGNA
CAVIGLIANO
TEGNA
PONTE BROLLA
CEVIA
VALLE MAGGIA
AIROLO

DER LOTSE

Es ist ein Katzensprung von Ascona ins Centovalli, wenn wir nicht die offizielle Route über Locarno wählen, sondern auf einer Nebenstrasse über Losone und Golino direkt nach Intragna fahren. Auch das Postauto bringt uns dorthin, vorausgesetzt, dass wir in Ascona bei der Haltestelle Ponte Maggia einsteigen. Eigentlich existiert Intragna gar nicht mehr. Im Herbst 2009 fusionierte das markant im Tal der 100 Täler stehende Dorf mit seiner millionenfach fotografierten Kirche und dem vorgelagerten Viadukt mit Borgnone und Pagnedra zur politischen Gemeinde Centovalli. Dazu gehören auch neun Weiler im dünn besiedelten Gebiet. Intragna ist für mich Heimat geworden, weil hier Agnese Broggini im Hotel Stazione seit 40 Jahren eine köstliche Küche pflegt (die heute von ihrer Schwiegertochter Adriana geführt wird) und die schönsten Zimmer im Centovalli anbieten kann.

DIE CENTOVALLI-BAHN

Sie ist die Hauptarterie des Tals und verbindet die Gotthard- mit der Simplonstrecke, das heisst, das Tessin mit dem Wallis auf dem kürzesten Weg. An tiefen Schluchten und tosenden Wasserfällen vorbei, über schwindelerregende Brücken, durch ausgedehnte Kastanienwälder und Rebberge, durch Tunnel und Kurven mit engsten Radien führt die 60 km lange Strecke von Locarno nach Domodossola im Val Ossolane. Der Zug der FART (Ferrovie Autolinee Regionali Ticinesi) benötigt knapp zwei Stunden. Es ist ein besonderes Erlebnis, so gemächlich durch das Tal des Wildbachs Melezza mit seinen zahlreichen Seitentälern, die dicht bewaldet und zerklüftet sind, zu fahren. Die durchschnittliche Geschwindigkeit beträgt 30 Kilometer!

DER LOTSE

In den ersten zwei Tälern unserer heutigen Etappe gibt es keine andere Möglichkeit, wir müssen auf dem gleichen Weg zurückfahren. Nur gute Wanderer könnten hier den Vorsatz des Buches erfüllen. Wir nehmen für die Rückfahrt die Linienführung der Bahn und entdecken im Pedemonte die sonnigen, gepflegten Dörfer Cavigliano, Verscio (berühmt durch das

2 | Bordei, Centovalli 3 | Intragna 4 | «Ponte di San Rocco», Bignasco, Maggiatal 5 | Airolo

Teatro Dimitri), Tegna und Ponte Brolla. Das Dorf gehört zur politischen Gemeinde Tegna und ist eigentlich der unterste Ort im Onsernonetal. Weil die Strasse nach Spruga, zuhinterst im Tal, mehr als eng und das Kreuzen mit grösseren Fahrzeugen schweisstreibend ist, verzichte ich auf eine Empfehlung. Am besten vertraut man sich dem Postauto an, das jederzeit Vortritt geniesst und von routinierten Berufsleuten gesteuert wird.

VALLE MAGGIA – UND FÜNF WEITERE TÄLER

Zwischen Ponte Brolla und Avegno finden wir die bekannteste und romantischste Badewanne der Schweiz. Mutige stürzen sich ins schäumende Wasser der Maggia mit ihrem von der Natur gebauten felsigen Wasserbett. Das Maggiatal ist von seiner Ausdehnung und bezüglich Vielfalt der Landschaft aussergewöhnlich. Mehr als einen Fünftel bedeckt es von der Gesamtfläche des Kantons Tessin. Es bietet dem Wanderer ein Wegnetz von 800 km, das ihm eine reiche Fauna und Flora erschliesst. Zudem gibt es 40 Bergseen zu entdecken. Man geht auf Wegen, die in den Fels gehauen sind, erreicht viele Maiensässe auf den Alpen und kann über drei Pässe in die Täler Verzasca, Leventina oder das italienische Ossola gelangen. Beliebte Ausflugsziele sind die Kirche Madonna delle Grazie in Maggia, das Talmuseum in Cevio, das Walserdorf Bosco Gurin mit einer eigenen Sprache, das Bavonatal, Fusio und der Wasserfall von Foroglio. Bei Cevio und Bignasco münden, gleich den Fingern an einer Hand, fünf Täler in das Maggiatal: Val di Campo, Val di Bosco, Val Bavona, Val Lavizzara und Val Peccia.

DIE LEVENTINA – TRANSITACHSE VON NORD NACH SÜD

Das Livinental, wie es auf Deutsch heisst, wird von den Touristen, die auf Schiene, Kantonsstrasse und der Autobahn A2 unterwegs sind, meist nur als Transitkorridor wahrgenommen. In den Schluchten des Talkessels kann man die Schönheiten der Dörfer und Landschaften auch nicht sehen. Besonders gut erhalten sind Giornico und Airolo mit Steinhäusern und gepflasterten Strassen. Sehr beliebt bei Wanderern ist die Strada Alta, die hoch über dem Tal vorbei an schönen Bergdörfern von Airolo nach Biasca führt. Je nach Kondition benötigt man zwei bis drei Tage.

HOTEL-TIPPS

- **HOTEL RISTORANTE STAZIONE** 6655 Intragna
  Tel. 091 796 12 12 | www.daagnese.ch
- **CASA SOLEDARIA 6654** Cavigliano
  Tel. 091 796 11 15 | www.soledaria.ch
- **HOTEL PENSIONE CASA GIALLA** 6652 Tegna
  Tel. 091 780 74 04 | www.casa-gialla.ch
- **ALBERGO CENTOVALLI** 6652 Ponte Brolla
  Tel. 091 796 14 44 | www.centovalli.com
- **BASODINO HOTEL** 6675 Cevio
  Tel. 091 754 11 01 | www.vallemaggia.ch
- **ALBERGO ALPINA** 6780 Airolo
  Tel. 091 873 32 32 | www.hotel-alpina.net

1 | Grosser Aletschgletscher (mit Gabelhorn, Schönbühlhorn und Wannenhorn)

GOTTHARDPASS
ANDERMATT
FURKAPASS
GOMS

DER LOTSE

Mit 18 Jahren durfte ich erstmals mit einem alten Renault Heck den Gotthard bezwingen, als ich mit einer grossen Camperfamilie an die Adria reiste. Atemberaubend war die Fahrt über die 24 Serpentinen der (heute noch befahrbaren) alten Passstrasse, Tremola genannt. Der Gotthardübergang hat eine tausendjährige Geschichte, sie würde ein eigenes Buch füllen. 1882 wurde der Eisenbahntunnel auf einer Scheitelhöhe von 1000 Metern eröffnet, damit war die Gotthardroute von Erstfeld nach Biasca durchgehend. Rund 100 Jahre später folgte der Autobahntunnel. Wer normalerweise durch den Tunnel in den Süden fährt, sollte unbedingt einmal die Route durch die Schöllenenschlucht und das wild-romantische Urserental hinauf auf den Pass nehmen, was zu Fuss, mit dem Nostalgie-Postauto oder der legendären Gotthardpost mit 5 Pferden möglich ist.

ANDERMATT – VON DEN KASERNEN ZUM ALPENRESORT

Das hoch gelegene Bergdorf ist zwar eine Sommer- und Winter-Feriendestination, beherrschende Farbe war aber bis in die jüngste Zeit «Grün». Zehntausende von Männern haben hier Militärdienst geleistet und damit dem Gewerbe auch viel Geld gebracht. Und dann kam Herr Sawiris, ein ägyptischer Investor und Milliardär, mit einem gigantischen Tourismusprojekt, das den um Gäste kämpfenden Ort von einem Tag auf den andern zum Märchendorf werden liess. Inzwischen wird am Resort gebaut. Es sind 6 Hotels, 500 Appartements, auch ein 18-Loch-Golfplatz ist geplant. Das Gebiet rund um Andermatt ist das Wasserschloss Europas. Am Gotthard entspringen die grossen Flüsse Rhein, Rhone, Reuss und Ticino. Andermatt gehört zu den schneereichsten Wintersportorten der Schweiz. Mit dem Hausberg Gemsstock (3000 m) hat die Station auch schneesichere Pisten für geübte Skifahrer, Snowboarder und Tiefschneefreaks. Hier kommt übrigens täglich der Glacier-Express vorbei, welcher die Gäste von Zermatt nach St. Moritz bringt.

2 | Lax, Goms 3 | Dampfbahn Furka-Bergstrecke 4 | Andermatt, Urserntal 5 | Alte Passstrasse, Tremola (Gotthardpass)

DER FURKA-PASS

Grimsel- und Sustenpass und Furka sind eine beliebte Drei-Pässe-Fahrt. Schöner kann man die Symbiose von Natur und Technik kaum erleben. Im Sommer ist eine Reise mit der nostalgischen Furka-Dampfbahn von Realp nach Oberwald ein unvergessliches Erlebnis. Die Passhöhe liegt auf stolzen 2431 Metern. Auf der Walliser Seite eröffnet sich beim Hotel Belvédère eine herrliche Sicht auf den Rhonegletscher. Wer Lust hat, kann die Gletschergrotte besichtigen. Im Jahr 1982 wurde der Furka-Basistunnel eröffnet, der eine wintersichere Verbindung zwischen dem Goms und Andermatt garantiert.

DER LOTSE

Das sonnige Oberwalliser Hochtal Goms ist im Winter ein Langlaufparadies, im Sommer eine beliebte Ferienregion für Ruhesuchende. Das von mächtigen Dreitausendern eingerahmte Tal der Rhone (hier noch Rotte genannt) erstreckt sich über 50 Kilometer von Oberwald bis nach Brig. Kulturinteressierte finden in den stillen Gommer Dörfern rund 70 barocke Kirchen und Kapellen, die ausnahmslos in Weiss gehalten sind. Dazu kontrastieren die von der Sonne dunkel gebrannten Holzhäuser und Ställe.

JUNGFRAU-ALETSCH – UNESCO-WELTNATURERBE

Die Anfahrt mit dem Auto und den Kabinenbahnen kann über Mörel oder die Talstation Betten/Bettmeralp erfolgen. Wer den Aletschgletscher und seinen ihn umgebenden Arvenwald (auf 2200 m!) möglichst nah erleben will, wählt den Moränenweg durch den Naturpark, der von der Riederalp, vorbei am Märjelensee, zur Fiescheralp führt. Mit seiner 23 km Länge ist der Aletschgletscher der längste Eisstrom der Alpen. Bettmeralp und Riederalp bilden mit der Fiescheralp das Skigebiet Aletsch. Aber auch als Sommerdestination haben die drei Orte ein attraktives Erholungsangebot. Die familienfreundlichen, durchwegs autofreien Ferienorte liegen auf einem sonnigen Hochplateau. Hier findet man für jedes Budget das passende Hotel oder die geeignete Ferienwohnung.

HOTEL-TIPPS

- **HOTEL 3 KÖNIGE & POST** 6490 Andermatt
  Tel. 041 887 00 01 | www.3koenige.ch
- **HOTEL HUBERTUS** 3988 Obergesteln
  Tel. 027 973 28 28 | www.hotel-hubertus.ch
- **HOTEL GLOCKE** 3998 Reckingen-Gluringen
  Tel. 027 974 25 50 | www.glocke.ch
- **ART FURRER RESORT** 3987 Riederalp
  Tel. 027 928 44 88 | www.artfurrer.ch

1 | Kulmhotel, Gornergrat, Matterhorn im Hintergrund

Brig
Naters
Zermatt
Grächen
Saas-Almagell
Saas-Fee

DER LOTSE

Die bekannten und weniger bekannten Ferienorte im zweisprachigen Wallis befinden sich ausnahmslos oben in den Bergen, links und rechts des Rhonetals, meist zuhinterst in den Seitentälern oder auf einer Sonnenterrasse gelegen. Die Walliser haben nicht nur eine lange Gastgebertradition, sondern auch nicht zu übersehende Argumente: 47 Viertausender stehen im Herzen der Alpen. Seit dem Bau des Lötschberg-Basistunnels ist die «Üsserschwiiz», wie sie den Rest der Schweiz nennen, bedeutend näher gerückt. Das Wallis ist wie kaum eine andere Ferienregion der Schweiz mit einem dichten Postautonetz erschlossen. Jedes noch so kleine Dorf wird bedient. Die Ausnahme bilden das Mattertal und das Goms, die man ab Visp und Brig mit der Bahn erreicht.

BRIG – DREH- UND ANGELPUNKT DER VERKEHRSWEGE

Die Geschichte des Oberwalliser Hauptortes, am Fuss des Simplonpasses, ist eng mit diesem Übergang nach Italien verbunden. Anfang des 19. Jahrhunderts liess Napoleon für militärische Zwecke eine Fahrstrasse anlegen. Die Altstadt mit den schönen Patrizierhäusern, den heimeligen Beizen und den Shoppingmeilen lädt zum Verweilen ein. Wohl am meisten fotografiert und besucht wird der Stockalperpalast, eines der bedeutendsten barocken Bauwerke der Schweiz. Das Brigerbad, ein grosses Freiluft-Thermalbad, ist für Familien besonders attraktiv. Empfehlenswert für Wanderer ist der Panoramaweg auf der Lötschberg-Südrampe. Der Höhenweg beginnt beim Bahnhof Hohtenn und führt der Bahnlinie entlang bis nach Lalden. Ganz besonders beeindrucken die Kunstbauten der Lötschbergbahn aus der Froschperspektive.

ZERMATT – HOTELSTADT MIT BLICK AUFS MATTERHORN

Mehr als 80 Hotels und viele Ferienwohnungen buhlen um die Gunst der Gäste. Und doch ist der autofreie Ferienort, dessen touristische Entwicklung eng mit dem wohl berühmtesten Berg der Welt verknüpft ist, im Winter meist ausgebucht. Das Wander- und Skigebiet wird durch 63 Bergbahnen erschlossen. Mit der höchstgelegenen Bergbahn Europas erreicht man den auf fast 4000 Metern liegenden Aussichtspunkt «Matterhorn glacier paradise», der einen einmaligen und faszinierenden Blick auf die Gipfelwelt der Schweizer, der italienischen und französischen Alpen ermöglicht. Bei den Touristen fast noch bekannter dürfte die Gornergrat-Zahnradbahn sein, die sich von

2 | Brig, Stockalperpalast 3 | Grächen 4 | Gornergrat-Zahnradbahn, Jermalt 5 | Saas-Fee

Zermatt den Berg hinaufschlängelt. Auf dem 3000 Meter hohen Gornergrat hat man die beste Aussicht aufs Matterhorn und das Monte-Rosa-Massiv mit dem höchsten Punkt der Schweiz, der Dufourspitze (4634 Meter).

GRÄCHEN – DAS FAMILIENPARADIES

Das Bergdorf, das sich Märchen für Familien nennt, wo Kinder zu Prinzen und Prinzessinnen werden und Eltern sich königlich gut erholen, liegt auf einer Sonnenterrasse hoch über dem Mattertal. Eine tolle Marketingidee, die ich in dieser Form sonst nirgends angetroffen habe. Damit verfügt Grächen über ein Kontrastprogramm zum Welttouristenort Zermatt. Grächen ist im Sommer und Winter ein Eldorado für Familien: Im Winter vergnügen sie sich im grössten Kinderpark der Schweiz, der keine Wünsche offen lässt. Zudem bietet das Indianderdorf auf der Hannigalp im Sommer romantische Lagerferien.

DAS SAASTAL – VIER ORTE UND EINE FERIENREGION

Bis ins 14. Jahrhundert gab es nur eine Gemeinde: Saas. Von den vier daraus hervorgegangenen Orten ist Saas-Fee der bekannteste und renommierteste. Die Touristiker bezeichnen die Station als «Perle der Alpen». Sie liegt auf einem Hochplateau, über den drei anderen Saaser Gemeinden Saas-Grund, Saas-Almagell sowie Saas-Balen. 350 Kilometer Themen- und Wanderwege können erkundet werden, so zum Beispiel die Alpenblumenpromenade mit 240 Pflanzenarten. Oder der Rundwanderweg «Die 18 Viertausender des Saastals». Das Skigebiet mit 100 km präparierten Pisten gilt als schneesicher und ist für alle Schwierigkeitsgrade geeignet. Die bekannteste Bergbahn des Saastals, «Metro Alpin», führt zum höchstgelegenen Drehrestaurant der Welt auf dem Allalin-Gletscher. Saas-Fee wirbt am auffälligsten um Gäste im In- und Ausland. Hier stehen auch die teuren Hotels und Ferienwohnungen. Saas-Grund im Talzentrum ist idealer Ausgangspunkt für die Höhenwanderwege. Die Attraktion von Saas-Almagell ist der Naturstaudamm Mattmark, und in Saas-Balen kann die spätbarocke Rundkirche, ein Bauwerk von nationaler Bedeutung, besichtigt werden. Bewundert wird auch der tosende Fellbach mitten im Dorf.

HOTEL-TIPPS

- **HOTEL ALEX** 3904 Naters
  Tel. 027 922 44 88 | www.hotelalex.ch
- **HOTEL LA COLLINA** 3925 Grächen
  Tel. 027 956 20 16 | www.hotel-collina.ch
- **BOUTIQUE-HOTEL ALEX** 3920 Zermatt
  Tel. 027 966 70 70 | www.hotelalexzermatt.ch
- **HOTEL POST** 3920 Zermatt
  Tel. 027 967 19 31 | www.hotelpost.ch
- **WELLNESSHOTEL PIRMIN ZURBRIGGEN**
  3905 Saas-Almagell | Tel. 027 957 23 01
  www.hotel-zurbriggen.com

1 | Leukerbad

Lötschental Leukerbad Crans-Montana Sion

DER LOTSE

Das Lötschental wird von Reisegruppen meist rechts liegen gelassen. Weil das weitgehend unverbaute Tal mit seinen intakten Dörfern Ferden, Kippel, Wiler und Blatten ganz viel zu bieten hat, wagen wir einen Abstecher in das Tal der Lonza, etwas abseits der grossen Tourismuszentren. Wer mit dem ÖV reist, besteigt in Brig den Zug, der via Goppenstein durch den alten Lötschbergtunnel nach Kandersteg ins Berner Oberland fährt. In Goppenstein steigen wir in das Lötschentaler Postauto. Hier haben sich alte Lebensformen und Bräuche, wie z. B. die Tschäggätä oder die Fronleichnamsprozession, in die Neuzeit retten können. In Gruppenkursen kann das Maskenschnitzen erlernt werden. Im Sommer lädt der Lötschentaler Sagenweg zum Kennenlernen von Mythen, Märchen und Sagen ein. Eine beeindruckende Berglandschaft ist besonders der hintere Teil des Tals rund um die Fafleralp. Das Skigebiet Lauchernalp oberhalb Wiler bietet den Wintersportlern alles, was sie zum Skispass benötigen.

LEUKERBAD – WAS DIE RÖMER SCHON WUSSTEN

Nach einer halbstündigen Postautofahrt ab Bahnhof Leuk im Talgrund erreichen wir den Ferien- und Kurort Leukerbad. Schon die Römer kannten die heilende Wirkung des heissen Thermalwassers, das hier mit unglaublichen 51 Grad aus den Quellen strömt. Die Quellen waren Motor für die touristische Entwicklung zum grössten Thermalbadeort und Wellnesszentrum der Schweiz. Viele Gäste nutzen die Gelegenheit, nach sportlicher Betätigung im warmen Wasser zu regenerieren, auch wenn sie nicht primär der Thermalbäder wegen hier sind. Ein besonderes Highlight ist das jährlich stattfindende Schäferfest auf der Gemmi, hoch über Leukerbad. Rund 2000 Besucher und 800 Schafe sind jeweils dabei. Höhepunkt des Festes ist der Moment, wo sich die Schafe vom Berg hinunter zum Daubensee stürzen, um das «Gläck» zu fressen, das die Schäfer ausgestreut haben. Diese Speise bekommen sie nur einmal im Jahr.

DER LOTSE

Die aus Crans und Montana sowie weiteren fünf Gemeinden bestehende Feriendestination erreicht man individuell oder mit dem Postauto ab Sion oder Sierre über kurvenreiche Strassen. Von Sierre aus ist das Gebiet zusätzlich mit einer Standseilbahn erschlossen. Zwischen den einzelnen Hangsiedlungen verlaufen zahlreiche Wander- und Spazierwege und spezielle Routen für Velofahrer. Ob Crans und Montana idyllische Bergdörfer oder doch eher Städte an wunderbarer Panoramalage sind, darüber gehen die Meinungen ausein-

2 | Crans-Montana 3 | Pfynwald, Rhonetal 4 | Ried, Lötschental 5 | Sion

ander. Jedenfalls ist während der Hauptsaison der Verkehr ähnlich wie in einer City. Hier gibt es zahlreiche Hotels mit gehobenem Komfort. Marketingstrategen haben das «Alpenshopping» erfunden. Hauptattraktion ist und bleibt der Golfsport, der eine lange Tradition hat. Es gibt einen 18-Loch- und einen 9-Loch-Golfplatz. Sie verwandeln sich im Winter in Langlaufloipen. Auch Skirennen haben den Ferienort weltweit bekannt gemacht.

SION/SITTEN – HAUPTSTADT UND KULTURZENTRUM

In Lehrbüchern steht, dass Sion zweisprachig sei. Das ist nicht mein Eindruck. On parle français! Sogar die offizielle Website der Stadt reagiert nicht auf die d/f-Umschaltung. Die grösste Stadt des Kantons Wallis hat sich in den letzten hundert Jahren enorm entwickelt. Von einem Marktflecken mit 5000 Einwohnern um 1900 zu einer mittelgrossen Stadt mit 30 000 Niedergelassenen. Das mittelalterliche Stadtbild wird geprägt von den Felsen «Valère» mit der Wallfahrtskirche Notre-Dame de Valère und «Tourbillon» mit der Ruine des bischöflichen Schlosses. In der Altstadt befindet sich eine sehenswerte Kathedrale, ebenfalls mit dem Namen Notre-Dame mit Zusatz «Du-Glarnier». In Sion dreht sich vieles um den Walliser Wein. Hier sitzen die grossen Winzergesellschaften, die Gemeinde hat die drittgrösste Weinbaufläche der Schweiz. Weil das Wetter sehr trocken ist, mussten für die Bewässerung der Rebberge Kanäle in die Bergflanken gehauen werden. Diese heissen «Suonen», auf französisch «Bisses». Sie sind in Filmen und Romanen oft zu sehen. Sion besitzt zudem den grössten Busbahnhof der Schweiz. Mit seinen unzähligen Verbindungen ist man schnell in den Seitentälern und in den nahen Skigebieten: Verbier, Nendaz, Veysonnaz, Val d'Herens, Val d'Anniviers, Crans-Montana.

HOTEL-TIPPS

- **HOTEL NEST- UND BIETSCHHORN** 3919 Ried-Blatten
  Tel. 027 939 11 06 | www.nest-bietsch.ch
- **HOTEL BÜRCHNERHOF** 3935 Bürchen
  Tel. 027 934 24 34 | www.buerchnerhof.ch
- **HOTEL ALPENHOF** 3944 Unterbäch
  Tel. 027 935 88 44 | www.myalpenhof.ch
- **HOTEL PARADIS** 3954 Leukerbad
  Tel. 027 470 12 33 | www.hotel-paradis.ch
- **GRAND HOTEL DU PARC** 3962 Montana-Crans
  Tel. 027 481 41 01 | www.parc-hotel.ch

1 | SAC-Hütte «Mont Fort», Verbier

Saillon Martigny Verbier Champéry

DER LOTSE

Wer von Sion durchs Rhonetal nach Martigny fährt, ob mit Auto, Bahn oder ein wenig abseits der Autobahn oder der Hauptstrasse mit dem Velo, der fährt an kilometerlangen Rebbergen und nicht enden wollenden Gemüse- und Fruchtkulturen vorbei. Dass hier immer der Wind bläst und es meistens wärmer ist als in den übrigen Gebieten nördlich der Alpen, begünstigt die Produktion. Es würden sich verschiedene Zwischenhalte oder Abstecher in Seitentäler anbieten, teilweise in schwindelnder Höhe, einen jedoch möchte ich besonders hervorheben: Saillon. Wenn man sich der schönen alten Marktstadt nähert, spürt man gleich die geschichtsträchtige Vergangenheit aus der römischen und mittelalterlichen Zeit. Mit seinem tausend Jahre alten Schlossturm strahlt der Ort Beständigkeit aus. Dass sich hier alles um Wein und Früchte dreht, war schon immer so. Besonders eindrücklich sind die traditionellen Feste, wo man sich immer an den berühmten Banditen Farinet erinnert (Schmuggler und Falschmünzer um 1880), dem in Saillon ein ganzes Museum gewidmet ist.

MARTIGNY – SELBSTBEWUSST UND WELTVERBUNDEN

Die stolze Hauptstadt des gleichnamigen Bezirks am markanten Knie der Rhone steht ebenfalls mitten im Früchte- und Gemüseparadies. Unter der warmen Walliser Sonne wachsen Erdbeeren, Trauben, Aprikosen, Spargel usw. Von den Gaben der Natur aus der Region, die in den vielen gepflegten Gaststätten zu köstlichen Speisen verarbeitet werden, liessen sich schon Berühmtheiten wie Rousseau, Goethe, Stendahl und Liszt begeistern. Martigny ist mehr als 2000 Jahre alt. Schon keltische Stämme, die Römer und Truppen Napoleons hinterliessen Spuren. Das hängt sicher mit der einmaligen geografischen Lage von Martigny zusammen. An der Bahnlinie Genf-Mailand gelegen, starten hier weitere Bahnerlebnisse: Mit dem «Mont-Blanc-Express» erreicht man über eine kühn angelegte Schmalspurbahn den französischen Ferienort Chamonix (eineinhalb Stunden Fahrzeit). Der «Sankt-Bernhard-Express» fährt nach Orsières und Châble. In Orsières übernimmt das Postauto die Passagiere, um sie auf das Hospiz des Grossen St. Bernhard zu bringen. Wer in Martigny bleibt, erlebt Kultur auf Schritt und Tritt: in der sympathischen Altstadt, im römischen Amphitheater, in den römischen Quellen und in den vielen Museen und Ausstellungen.

VERBIER – UND DAS SPORTPARADIES «4 VALLÉES»

Die Ferienstation mit mehr als 25 000 Betten hat sich ganz den aktiven Menschen verschrieben. Träumer und Nostalgiker sind hier wohl falsch. Aus einem einstmals kleinen Dorf ist eine Chaletstadt gewachsen, die mit den unzähligen

2 | Bernhardinerhunde, Grosser St. Bernhard 3 | Saillon 4 | Portes du Soleil, Champéry 5 | Martigny

Sportmöglichkeiten und einer perfekt ausgebauten Logistik prädestiniert ist, grosse internationale Anlässe durchzuführen. Was Verbier auch intensiv macht. Und die Station zieht sportbegeisterte Gäste aus aller Welt an. Mehr als 400 km Wanderwege resp. Skipisten und 200 km Mountainbike-Pisten halten die Urlauber auf Trab. Das Sport-Paradies wäre nicht komplett, würden nicht auch Ausdauerläufer, Kletterer und Gleitschirmflieger hier trainieren oder Ferien machen.

DER LOTSE

Hier im Dreiländereck Schweiz-Italien-Frankreich gibt es so viele Highlights, dass unmöglich alle in diesem Reisebuch Platz finden. Einige seien aber trotzdem noch erwähnt: das Bernhardiner-Museum auf dem Grossen St. Bernhard (Geschichte eines berühmten Hundes), die Trient-Schlucht mit einer 190 Meter hohen Spannbeton-Brücke, das Labyrinth von Evionnaz (grösstes der Welt mit 18 000 Thuyas/Zypressengewächsen) und der Stausee von Emosson.

Auf der Reise durch den untersten Teil des Unterwallis – er reicht bis ans linke Ufer des Genfersees in St. Gingolph – können wir zahlreiche wenig bekannte Dörfer und Städte entdecken, die einen Besuch lohnen. So etwa Monthey, das den Eingang zum Val d'Illier bewacht und Bezirks- und Wirtschaftshauptort der Region Chablais ist. Die frühere Zugehörigkeit zu Savoyen und kurz zum Burgund, hat die Stadt mit Charakter wohl geprägt.

CHAMPÉRY

Wir reisen mit der Bahn von Ollons in eine der ältesten Feriendestinationen der Schweiz. Der in das riesige Skigebiet «Les Portes du Soleil» eingebettete Ort konnte etwas von seinem historischen Charme in die Neuzeit retten. Die Dimensionen des Ski- und Wanderwegnetzes sind so gross, dass mir die Zahlen Angst machen. Ob ich mich am Abend auch wieder in meinem Bett wiederfinden würde? Hier sind Rekorde nicht einmalige Ereignisse, sondern die Regel. Der Schreibende muss ja aus seinem Herzen keine Mördergrube machen: Er fühlt sich hier einfach etwas überfordert.

HOTEL-TIPPS

- **HOTEL DES VIGNES** 1958 Uvrier
  Tel. 027 203 16 71 | www.hoteldesvignes.ch
- **HOTEL DES BAINS DE SAILLON**
  1913 Saillon | Tel. 027 743 11 11
  www.hotel-des-bains-de-saillon.ch
- **HOTEL VANESSA** 1936 Verbier
  Tel. 027 775 28 00 | www.hotelvanessa.ch
- **HOTEL SUISSE** 1874 Champéry | Tel. 024 479 07 07
  www.hotel-champery.ch/hotelsuisse.shtml

1 | Gstaad, Fussgängerzone mit Hotel Palace 2 | Bergrestaurant Eggli, Gstaad

Villars-sur-Ollon Les Diablerets Château-d'Oex Gstaad-Saanenland

VILLARS-SUR-OLLON – DER NOBLE FERIENORT

Schöner kann ein Ferienort nicht liegen: gegen Süden orientiert, Panoramaaussicht auf die Dents-du-Midi, das Massiv des Mont-Blanc und auf den Genfersee. Villars hat viele internationale Gäste, deren Sprösslinge eine Privatschule der gehobenen Klasse besuchen. Die Durchmischung von Jung und Alt ist damit gewährleistet. Zur gleichen Feriendestination gehört Gryon, das etwas tiefer an der östlichen Talflanke liegt. Mit dem ÖV erreicht man Villars von Bex aus mit der kurvig angelegten Schmalspurbahn, die gleichzeitig die Sommer- und Wintersportler ins höher gelegene Bretaye bringt. Da werden schöne Erinnerungen wach, habe ich doch hier in einem Skilager während meiner Progymnasiumzeit das erste und einzige Skirennen meines Lebens gewonnen. Jedes Jahr wird im Januar der GP von Villars ausgetragen, ein Volksskirennen mit den Stars der Formel 1. Der Gewinn geht an eine Non-Profit-Organisation.

LES DIABLERETS – HOCHBURG DES ABENTEUERSPORTS

Über den Col de la Croix erreichen wir von Villars aus direkt die auf 1200 Meter liegende Ferienstation. Aktive Gäste werden hier besonders glücklich sein: Skifahren und Snowboarden bis weit in den Frühsommer, Sommer-Langlaufen auf dem Glacier 3000, Canyoning, Gleitschirmfliegen, Biking und viele andere Abenteuer-Sportarten können hier kennengelernt und ausgeübt werden. Wem dies alles zu gefährlich ist, kann auf 250 km markierten Wanderwegen die herrliche Waadtländer Bergwelt geniessen.

DER LOTSE

Über den Col des Mosses gelangen wir in die Ferienheimat der Reichen und Schönen. Wer mit der Bahn reist, wählt den Weg über Montreux, von wo aus die MOB (Montreux-Oberland-Bernois) die Reisenden bequem nach Châteaux-d'Oex oder weiter ins Saanenland bringt. Bevor man Montbovon im Tal der Saane (hier Sarine genannt) erreicht, fährt der Zug durch den Jamontunnel, dessen Tunneleinfahrten früher im Winter nachts mit riesigen Toren geschlossen werden konnten, damit die Geleise bei Sturm nicht mit Schnee gefüllt wurden. Nach der Sanierung der Tunnelportale in den Neunzigerjahren ist diese einmalige Technik jetzt nur noch nostalgische Erinnerung.

CHÂTEAU-D'OEX – ROUGEMONT

Die etwas abgelegene, zum Waadtland gehörende Ferienregion heisst im Französischen «Pays d'Enhaut», was so viel

2

3

4

5

3 | Montreux-Berner-Oberland-Bahn «Golden Pass» 4 | Internationales Heissluftballon-Treffen, Château-d'Oex 5 | Villars-sur-Ollon

wie Oberland bedeutet. Auf dem Weg von Bulle nach Gstaad erreicht man auf 1000 Metern Höhe die Ferienorte auf einem sonnigen Plateau. Dank des günstigen Mikroklimas hat sich die Station zur Heissluftballon-Hauptstadt der Schweiz entwickelt. Ganzjährig werden Ballonflüge angeboten und jeweils im Februar findet ein internationaler Wettbewerb im Heissluftballon-Fahren statt. Nicht verpassen sollte man den Besuch des sympathischen Städtchens und des Museums «Espace Ballon», wo von Jules Verne bis Piccard alle Pioniere und ihre Abenteuer dokumentiert sind. Die Scherenschnittkunst ist im Heimatmuseum untergebracht. In der Schaukäserei wird der Etivaz-Käse noch immer über dem Holzfeuer hergestellt. Das Grand Chalet in Rossinière, 1754 erbaut, mit 113 Fenstern eines der grössten Holzhäuser, beherbergte den bekannten Maler Henri Balthus.

GSTAAD – SAANENLAND

Stars und Sternchen, Reiche und Schöne hat es in Gstaad viele. Wer nun glaubt, hier könnten nur Besserverdienende Ferien machen, vergisst das grosse Umfeld des Saanenlandes mit den Gemeinden Saanen, Schönried, Saanenmöser, Gsteig und Lauenen. Hier gibt es viele Möglichkeiten, seine Ferien budgetgerecht zu planen. Diese Aussage stimmt zwar für das Urlaubmachen, nicht aber für den Erwerb einer Immobilie. Die Preise sind ins Unermessliche gestiegen, was für Einheimische den Kauf von Wohneigentum praktisch verunmöglicht. Gstaad-Sannenland ist weder im Sommer noch im Winter auf Rekorde aus. Hier kommt zuerst der Genuss. Die liebliche Landschaft mit den aktiven Bauern würde den Massentourismus gar nicht verkraften. Gstaad erlangte nicht nur der Filmstars wegen Berühmtheit. Viele Top-Events machen die Region in aller Welt bekannt: das Tennis Suisse Open (ATP-Turnier), das Menuhin-Festival zu Ehren des grossen Dirigenten und Geigers (Juli bis September), der Polo Gold Cup, die Country Night, Sommets Musicaux (Festival der klassischen Musik) und das Beach-Volleyball-Turnier. Der «Golden Pass», die Panorama-Bahnstrecke von Montreux über Gstaad an den Thunersee, Interlaken und weiter über den Brünig nach Luzern, ist für die Anbieterin MOB ein voller Erfolg. Eine ganz persönliche Empfehlung von mir ist der Besuch des Dorfes Lauenen, verbunden mit der Wanderung an den Lauenensee, der von der Berner Mundart-Rockband «Span» in die Herzen der Fans gesungen wurde.

HOTEL-TIPPS

- **EUROTEL VICTORIA VILLARS** 1884 Villars-sur-Ollon
  Tel. 024 495 31 21 | www.eurotel-victoria.ch
- **EUROTEL VICTORIA LES DIABLERETS**
  1865 Les Diablerets
  Tel. 024 492 37 21 | www.eurotel-victoria.ch
- **HOTEL ARC EN CIEL** 3780 Gstaad
  Tel. 033 748 43 43 | www.arc-en-ciel.ch
- **STEIGENBERGER HOTEL GSTAAD-SAANEN**
  3792 Saanen | Tel. 033 748 64 64
  www.steigenberger.com/gstaad_saanen
- **HOTEL ALPENLAND** 3782 Lauenen
  Tel. 033 765 91 34 | www.alpenland.ch

1 | Adelboden, Skigebiet Gilbach

LENK SIMMENTAL DIEMTIGTAL ADELBODEN

DER LOTSE

Wir lassen das Hochtal der Saane hinter uns, um über die Saanenmöser an die Lenk zu gelangen. Zwar hat die Strasse vor allem auf der Simmentaler Seite viele Kurven und spürbare Steigungen, doch habe ich noch nie von jemandem gehört, er wäre über den Saanenmöser-«Pass» gefahren. In Zweisimmen, auch ein kleiner Ferienort und Regionalzentrum, zweigen Bahn und Strasse ab, um über die grosse Ebene des hintersten Simmentales «an der Lenk» zu erreichen. Sie merken schon, dass da Gehirnwäsche im Spiel ist. Ich wurde in den vergangenen Jahren mehrmals korrigiert, als ich mir erlaubte, einfach nur «Lenk» zu sagen. Touristiker verwenden die neue Identität jedoch auf Prospekten und online noch nicht.

LENK – FAMILIÄR UND ÜBERSCHAUBAR

Die Kur- und Feriendestination ist eine der ältesten überhaupt. Bereits 1689 erhielt Lenk die erste Badekonzession. Es sollte eine wechselvolle Geschichte werden. 1862 wurde das Kurbad mit 80 Wohnzimmern und verschiedenen Spielmöglichkeiten neu eröffnet. Nach 1900 begann die eigentliche Tourismusgeschichte mit der Gründung eines Verkehrsvereins und eines Skiklubs. Wie fast überall waren die Sommergäste die Haupteinnahmequelle. 1912 eröffnete die MOB die Bahnlinie, aber erst 1937 folgte die erste Bergbahn, die sogenannte Funi auf die Balmen, die 16 Personen befördern konnte. Das etwas in die Jahre gekommene Bad wurde in jüngster Zeit mit dem Fünfsterne-Wellnesshotel «Lenkerhof» aufgewertet. Es besitzt alles, was Gäste der gehobenen Klasse erwarten. Auch die Küche ist die renommierteste am Ort. Lenk verfügt noch über 5000 weitere Übernachtungsplätze für die verschiedensten Ansprüche: von der Suite bis zum Massenlager. An der Lenk sind alle willkommen.

DER LOTSE

Das Simmental macht wenig Schlagzeilen. Es ist eher eine ruhige und beschauliche Gegend. Die schönsten Flecken entdeckt man abseits der im Tal verlaufenden Verkehrswege. Hier bestimmt die Landwirtschaft das Leben. Und die Bauern züchten und pflegen ein weltbekanntes Nutztier: das Simmentaler Fleckvieh. Es ist auf allen Kontinenten zu Hause und mit einer Population von 50 Mio. Tieren eine der

2 | Lenk 3 | Panorama-Restaurant Stockhorn 4 | Simmentaler Haus, Oberwil 5 | Alpaufzug im Diemtigtal

bedeutendsten Rinderrassen, die auch wegen der hohen Milchleistung geschätzt werden. Wer einen Zwischenhalt im Simmental einlegen mag, dem sei der markante Ausflugsberg Stockhorn empfohlen. Er ist mit 2190 Metern die höchste Erhebung in der vom Mittelland aus weithin sichtbaren Stockhornkette. Von Erlenbach bringt eine Luftseilbahn die Gäste bis zum Gipfel. Die berühmten Stockhornaugen, zwei künstliche Löcher in der Felswand, ermöglichen eine wunderbare Sicht aufs Aaretal, die ersten Emmentaler Hügel und aufs Mittelland. Einen Besuch wert ist auch das im untersten Simmental abzweigende Diemtigtal. Allein schon wegen der 400 Jahre alten Holzhäuser, die zu einer Art Freilichtmuseums-Weg zusammengefasst wurden.

ADELBODEN – ENTSCHLEUNIGEN UND GENIESSEN

Der praktisch unverändert dörfliche Charakter des Feriendorfes zuhinterst im Engstligental macht Adelboden zum Liebling der Ruhesuchenden mit Bodenhaftung. Die Bergkulisse, praktisch von jedem Punkt aus zu sehen, ist beeindruckend. Vor allem Wild- und Grossstrubel sowie die beiden Lohner stehen majestätisch Wache. Im Sommer sind es vor allem Wanderer und Bergsteiger, welche hier Urlaub machen. Adelboden verfügt über 300 km markierte Wege. Die Berglandwirtschaft mit vielen Alphütten und Alpkäsereien prägt das Gebiet bis zur Baumgrenze. Mit den Ski-Weltcuprennen am Kuonisbergli (Riesenslalom und Slalom) wird die herrliche Landschaft per TV in alle Welt «gesendet».
Sehenswert sind die Engstligenfälle, die nach einer Stunde Fussmarsch erreicht werden (für alle nicht Wandertüchtigen fährt ein Bus zur Talstation der Engstligenalpbahn). Zwei gewaltige Wasserfälle mit insgesamt 600 Metern Höhendifferenz stürzen zu Tal. Ein beliebter Ausflug mit vielen Wandermöglichkeiten ist die Fahrt mit der neuen Kabinenbahn auf die Sillerenalp. Hier finden auch viele Musikevents, vorwiegend volkstümlicher Art, statt. Mit der Tschentenbahn erreicht man auf 2000 Metern eine Alp mit besonderer Aussicht.

HOTEL-TIPPS

- **PARKHOTEL BELLEVUE** 3775 Lenk
  Tel. 033 736 33 33 | www.bellevue-lenk.ch
- **HOTEL KRONE** 3775 Lenk
  Tel. 033 736 33 44 | www.krone-lenk.ch
- **ARENA HOTEL STEINMATTLI** 3715 Adelboden
  Tel. 033 673 39 39 | www.arena-steinmattli.ch
- **SOLIS CAMBRIAN HOTEL & SPA** 3715 Adelboden
  Tel. 033 673 83 83 | www.solisadelboden.ch
- **FAMILIENHOTEL ALPINA** 3715 Adelboden
  Tel. 033 673 75 75 | www.alpina-adelboden.ch

1 | Thun 2 | Schlosskirche Spiez mit Thunersee

Kandersteg Spiez Meielisalp Thun Interlaken

KANDERSTEG – MIT GIPFELN GESEGNET

Die Geschichte des kleinen Ortes zuhinterst im Kandertal war schon immer eng verknüpft mit dem Lötschenpass. Über Jahrhunderte benutzten die Säumer diesen Handelsweg. 1906–1913 wurde der Lötschbergtunnel nach Goppenstein gebaut. Er dient nicht nur dem Personentransport, sondern ist auch eine viel benutzte rollende Strasse (Autoverlad). Seit dem Bau des 35 km langen Lötschbergbasistunnels, 2007 eröffnet, rasen die Züge jetzt ab Frutigen direkt in die Talebene der Rhone. Die vielen mächtigen Berge, welche das Feriendorf an der Peripherie berühren, sind wohl das Eindrücklichste, was Kandersteg zu bieten hat. Es verwundert deshalb nicht, dass hier neben Wanderern viele «richtige» Bergsteiger Halt machen. Die schönsten Ziele (subjektiv) sind für mich: der Gemmipass, ein Übergang ins Wallis, der auch im Winter geöffnet ist; der Oeschinensee: ein Muss für Gäste und Tagestouristen; das Gasterntal: ein einzigartiges Naturerlebnis.

DER LOTSE

Auf dem Weg an den Thunersee reisen wir durch schöne Dörfer und können das romantische Kiental entdecken. Die Fahrt mit dem schmalen, kleinen Postauto von Kiental auf die Griesalp über die steilste Bergpoststrasse Europas ist ein Erlebnis der Sonderklasse. Abenteuerlich ist auch die Fahrt mit der Niesenbahn ab Mülenen auf den Charakterberg. Sie wurde als Standseilbahn mit 2 Sektionen gebaut und überwindet bis zum Gipfel 1600 Meter Höhendifferenz. Die maximale Steigung beträgt 68 % , was bei vielen Fahrgästen häufig ein mulmiges Gefühl auslöst. Ebenfalls von Mülenen aus lohnt sich ein Abstecher ins liebliche Aeschi: Eine Wanderung über Aeschiried auf die Aeschiallmi können sich auch Anfänger zumuten. Hier oben geniesst man eine herrliche Sicht auf den Thunersee und weit ins Mittelland.

SPIEZ – MIT EINER BILDERBUCHBUCHT

Eingebettet zwischen dem grossen Rebberg und den sanften Hügeln, dominiert vom Schloss, lädt der Ort am Thunersee zum Verweilen ein. Besonders eindrücklich ist eine Wanderung auf dem von mächtigen alten Bäumen überdeckten Strandweg nach Faulensee. Auch an den heissesten Tagen ist es hier angenehm kühl. Wer den Weg zurück lieber bequem mag, nimmt in Faulensee das Schiff. Kulturell Interessierte besichtigen das Schloss mit seiner tausendjährigen Kirche. Ein besonderes Erlebnis ist das Wandern auf dem Panoramaweg hoch über dem Thunersee. Ein Zwischenhalt auf der Meielisalp kann wärmstens empfohlen werden.

3 | Blausee im Kandertal 4 | Schloss Oberhofen, Raddampfer «Blüemlisalp» 5 | Oeschinensee, Kandersteg

THUN – STADT DER ALPEN

Die Stadt am unteren Ende des Thunersees mit seinen zwei Aareläufen mitten durch die Stadt wird als Tor zum Berner Oberland bezeichnet. Die historische Altstadt, über der stolz das Schloss und die Kirche auf dem Schlosshügel thronen, ist wohl das beliebteste Fotosujet. Ein historisches Museum in den Turmsälen des Schlosses führt zurück in die bewegte Geschichte der 2500 Jahre alten Stadt. Die Altstadt mit ihren schönen Plätzen, Bars, Restaurants und Spezialgeschäften ist immer so sehr bevölkert, als müsste hier niemand arbeiten. Als natürlich gewachsenes Einkaufsparadies kann die Bälliz-Insel jeden Wunsch erfüllen.

DER LOTSE

Die Strasse auf der rechten Seeseite nach Interlaken, auf die sich der Individualverkehr und die verschiedenen Buslinien nach Interlaken, Sigriswil und Schwanden teilen, führt immer dem See entlang, zuletzt durch wildes Bergland mit kurzen, wie zufällig aus dem Fels geschlagenen Tunnels. Wer mag, macht einen Ausflug mit der Standseilbahn von der Beatenbucht nach Beatenberg und weiter mit der Gondelbahn aufs Niederhorn. Oder Abenteurer besuchen die bekannten Beatushöhlen, von denen bis heute 14 Kilometer erforscht sind.

INTERLAKEN – 100 JAHRE TOURISMUS

Das Strassenbild wird das ganze Jahr über geprägt von den vielen asiatischen Touristen, die hier Luxusgüter (in erster Linie Uhren und Schmuck) kaufen und mit der Jungfraubahn zum höchstgelegenen Bahnhof Europas fahren wollen. Selbst bei organisierten Schweiz-Reisen, welche nur 3 Tage dauern, ist Interlaken Pflicht. Der Ferien- und Kongressort von internationaler Bedeutung ist der idealste Ausgangspunkt für zahlreiche Ausflüge auf Berge, in höher gelegene Kurorte, auf den Thuner- und Brienzersee. Der Erfolg Interlakens basiert zum grossen Teil auf seiner logistischen Infrastruktur.

HOTEL-TIPPS

- **HOTEL BERNERHOF** 3718 Kandersteg
  Tel. 033 675 88 75 | www.bernerhof.ch
- **HOTEL VICTORIA RITTER** 3718 Kandersteg
  Tel. 033 675 80 00 | www.hotel-victoria.ch
- **HOTEL BLAUSEE** 3717 Blausee
  Tel. 033 672 33 33 | www.blausee.ch
- **HOTEL AESCHI-PARK** 3703 Aeschi
  Tel. 033 655 91 91 | www.aeschipark.ch
- **STRANDHOTEL BELVÉDÈRE** 3700 Spiez
  Tel. 033 655 66 66 | www.belvedere-spiez.ch
- **HOTEL MEIELISALP** 3706 Leissigen
  Tel. 033 847 13 41 | www.meielisalp.ch
- **HOTEL FREIENHOF** 3600 Thun
  Tel. 033 227 50 50 | www.freienhof.ch
- **PARKHOTEL OBERHOFEN** 3653 Oberhofen
  Tel. 033 244 91 91 | www.parkhoteloberhofen.ch
- **SOLBADHOTEL SIGRISWIL** 3655 Sigriswil
  Tel. 033 252 25 25 | www.solbadhotel.ch

1 | Wengernalpbahn

GRINDELWALD WILDERSWIL WENGEN MÜRREN

DER LOTSE

Auf dem Weg in die bekannten Tourismusorte der Jungfrauregion können wir die Dörfer Wilderswil und Gsteigwiler besuchen. Zusammen mit den höher gelegenen Saxeten und Isenfluh bilden sie ein kleines, ruhiges Feriengebiet abseits des geschäftigen Treibens von Interlaken. Der Hausberg der Region ist die Schynige Platte auf 2000 m ü. M. Aus dem vorletzten Jahrhundert stammt die nostalgische Zahnradbahn, die in einer knappen Stunde die 7,5 km lange Strecke und 1400 Höhenmeter von Wilderswil auf den Berg überwindet. Der bekannte Ausflugsberg, er gehört zum Programm vieler Gruppenreisender, bietet eine atemberaubende Aussicht auf die umliegenden Berge und den Thuner- und Brienzersee. Bekannt ist die Schynige Platte auch wegen ihres Berghotels und des Alpengartens mit 500 verschiedenen Pflanzen.

In Zweilütschinen trennen sich Strassen und Schienen, um uns nach Grindelwald oder nach Lauterbrunnen zu bringen. Für unsere Reise spielt es keine Rolle, ob wir zuerst ins Lauterbrunnental fahren oder ins Eigerdorf. Lauterbrunnen liegt zwischen gigantischen Felswänden und majestätischen Gipfeln. Mit 72 Wasserfällen, lauschigen Tälern und Alpsiedlungen ist das Lauterbrunnental eines der grössten Naturschutzgebiete der Schweiz.

MÜRREN – KLEIN UND FEIN

Das autofreie Mürren ist mit einer Pendelbahn von Lauterbrunnen aus erreichbar. Ab Stechelberg führt auch eine Luftseilbahn ins Dorf und weiter auf das Schilthorn zum bekannten Drehrestaurant Piz Gloria, wo Teile des James-Bond-Films «Im Geheimdienst ihrer Majestät» gedreht wurden. Beide, Film und Piz Gloria, wurden zum Welterfolg. Das 360-Grad-Panorama im Drehrestaurant verwöhnt uns mit dem Dreigestirn Eiger, Mönch und Jungfrau und gibt den Blick frei vom Mont Blanc bis in den Schwarzwald. Wie man noch heute aus der Umgangssprache der Einheimischen heraushören kann, haben Walser die Siedlung Gimmelwald gegründet. Mürren ist trotz James Bond ein heimeliges Feriendorf geblieben. Es ist mit rund 1700 m ü. M. der höchste ständig bewohnte Ort im Kanton Bern.

WENGEN

Die wie Mürren autofreie Ferienstation liegt auf einer windgeschützten Sonnenterrasse am Fusse der Jungfrau. Erreichbar ist Wengen mit der Wengernalpbahn von Lauterbrunnen aus, die bis zur Kleinen Scheidegg führt. Hier können die Passagiere umsteigen für die abenteuerliche Reise aufs

2 | Eiger, Mönch und Jungfrau 3 | Grindelwald mit Wetterhorn 4 | Wengen 5 | Mürren

Jungfraujoch. Mit seinen etwas in die Jahre gekommenen Holzhäusern, seinen verstreuten Chalets und den Hotels aus der Belle Epoque hat Wengen den Charakter eines Bilderbuch-Bergdorfs bewahrt. Wengen hat für seine hauptsächlich reformierten Einwohner eine besonders schöne Kirche, die unter Denkmalschutz steht. Aussergewöhnlich ist aber für das Berner Oberland, dass es hier auch eine englische und eine römisch-katholische Kirche gibt. Die Kurorte des Jungfraugebietes sind im Sommer und im Winter gleichermassen beliebt. Die jedes Jahr stattfindende Weltcup-Abfahrt am Lauberhorn ist aber sicher der sportliche Höhepunkt Wengens.

GRINDELWALD – ALS GLETSCHERDORF BESUNGEN

Die politische Gemeinde Grindelwald, zu der viele Weiler und Höfe weit verstreut im Tal der Schwarzen Lütschine gehören, zählt rund 4000 Einwohner. Jeweils in den Hauptferienzeiten wird das Gletscherdorf zur Stadt. Es liegt eingebettet in einer abwechslungsreichen Berglandschaft, deren Kulisse Wetterhorn, Eiger, Mönch und Jungfrau bilden – alles eisgekrönte Berge mit grossem Bekanntheitsgrad. Mit dem Bau von Strasse und Schiene Ende des 19. Jahrhunderts begann die Erfolgsgeschichte des Tourismusortes. Bereits 1908 entstand am Wetterhorn die erste Seilbahn der Alpen, und 1912 erreichte die Bahn das 3454 Meter hoch gelegene Jungfraujoch. Eine Pionierleistung unter den Bergbahnen: Auf der neun Kilometer langen Strecke befindet man sich plötzlich in einer Welt aus Fels, Eis und Schnee. Sieben Kilometer davon sind im Tunnel und durchqueren Eiger und Mönch. In der ganzen Welt bekannt ist auch die Eigernordwand, eine der schwierigsten Kletterwände unseres Planeten. Beliebte Ausflugsziele sind die First, die kleine Scheidegg/Männlichen oder die Fahrt über die Grosse Scheidegg ins Haslital, die aber nur mit dem Postauto möglich ist.

HOTEL-TIPPS

- **HOTEL ARTOS** 3800 Interlaken
  Tel. 033 828 88 44 | www.artos-hotel.ch
- **HOTEL GOLDEY** 3800 Interlaken
  Tel. 033 826 44 45 | www.goldey.ch
- **HOTEL KIRCHBÜHL** 3818 Grindelwald
  Tel. 033 854 40 80 | www.kirchbuehl.ch
- **WOHLFÜHLHOTEL KREUZ & POST** 3818 Grindelwald
  Tel. 033 854 54 92 | www.kreuz-post.ch
- **HOTEL BELVEDERE** 3823 Wengen
  Tel. 033 856 68 68 | www.belvedere-wengen.ch
- **HOTEL JUNGFRAU** 3825 Mürren
  Tel. 033 856 64 64 | www.hoteljungfrau.ch

1 | Iseltwald

BÖNIGEN ISELTWALD BRIENZ MEIRINGEN

DER LOTSE

Zurück vom engsten Jungfraugebiet auf dem Bödeli, wie die Schwemmebene zwischen Thuner- und Brienzersee genannt wird, erreichen wir Bönigen. Eigentlich führen auch fast alle Wege hierher: das Postauto ab Interlaken-Ost, das bis Iseltwald fährt, die Autobahn, die Ortsverbindungsstrasse sowie die Brienzerseeschiffe, die Bönigen mit allen Dörfern rund um den See verbinden. Bönigen steht sicher ein wenig im Schatten der Tourismus-Hauptstadt Interlaken. Es ist aber ein so lieblicher und ruhiger Ferienort mit offenem Blick auf den See, dass er viele Gäste und Tagestouristen magisch anzieht. Als Ausgangspunkt für Ausflüge in die Jungfrauregion, auf der Strasse oder auf dem See ins Haslital oder einfach nach Interlaken, könnte Bönigen idealer nicht sein. Die schönste Art, nach Iseltwald zu gelangen, ist die Wanderung über den Weg der drei Wasserfälle. Voraussetzung ist eine gewisse körperliche Kondition und viel Zeit. Sogar eine eigene Autobahnausfahrt hat das kleine Fischerdorf, auch Perle am Brienzersee genannt, seit Eröffnung der A8. Wahrzeichen von Iseltwald ist das Zentrum Seeburg, das auf einer idyllischen Halbinsel liegt und heute Rehabilitationspatienten betreut. Ferien- und Kurgäste stören einander aber nicht. Nach Iseltwald kommen wesentlich mehr Tagestouristen als Hotelgäste.

GIESSBACH BRIENZ – VERWANDLUNG DER SINNE

Der Anblick des Grandhotels hoch über dem See ist aus allen Richtungen atemberaubend. Wer vom See her kommend in Giessbach aus dem Schiff steigt und mit der ältesten Standseilbahn Europas am tosenden Wasserfall entlang hochgefahren wird, hat das Einmalige gewählt. Mit der Stiftung «Giessbach dem Schweizer Volk» gelang es dem Umweltschützer Franz Weber, das Grandhotel mit der aufregenden Geschichte vor dem Untergang zu retten. Die Besucher werden nach wie vor vom Schloss-ähnlichen Gebäude verzaubert. Glanz und Glamour leben weiter. Der schäumende Giessbach, der sich in 14 Etappen in den Brienzersee stürzt, trägt das Seine dazu bei.

BRIENZ – FERIENORT MIT EVENT-POTENZIAL

Nach der verheerenden Naturkatastrophe im August 2005, die Häuser, Strassen und Brücken vernichtet hatte, lag das Feriendorf am oberen Ende des Brienzersees am Boden. Doch die Haslitaler sind Bergler und hart im Nehmen. Sie gaben nie auf und bauten neben Schutzanlagen die zerstörten Quartiere wieder auf. Wer heute durch das Dorf spaziert, sieht zwar noch Narben, aber der Eindruck ist mehr als

2 | Brienz Rothorn Bahn 3 | Rosenlaui 4 | Aareschlucht bei Meiringen 5 | Bönigen

positiv. Drei besondere Attraktionen, die das Dorf bekannt gemacht haben, möchte ich kurz vorstellen: die Holzschnitzkunst. Die Schule für Holzbildhauerei in Brienz ist die einzige Institution in der Schweiz, in der das Holzbildhauerhandwerk erlernt werden kann. Sie wurde als Schnitzerschule Brienz 1884 gegründet. Um 1900 waren in Brienz und Umgebung 650 Schnitzer tätig. Die Brienz Rothorn Bahn ist die einzige Dampfbahn der Welt, die mit Lokomotiven aus drei Generationen jeden Tag fährt. Sie stampft, zischt und schnaubt wie ein Ungeheuer auf dem Weg zum Gipfel auf 2250 Metern. Und dies seit 120 Jahren. Der Ballenberg verkörpert die Schweiz von damals. Mehr als 100 originale, jahrhundertealte Gebäude aus allen Teilen des Landes wurden gerettet und hier im Freilichtmuseum wieder aufgebaut. 250 Tiere vom Bauernhof, Gärten und altes Handwerk, das demonstriert wird, machen den Ballenberg zum Anziehungspunkt Nr. 1 im Haslital.

MEIRINGEN – DAS HERZ DES HASLITALS

Der traditionsreiche Ferienort hat seine Stätten für das Aktivprogramm der Gäste praktisch «ausgelagert». Im Winter lassen sich Gäste und Tagestouristen auf den Hasliberg bringen, wo im Skigebiet Hasliberg-Mägisalp-Planplatten alle Wintersportarten ausgeübt werden können. Die Wanderer zieht es vielleicht eher ins Gebiet der Rosenlaui oder an die Grimsel. Auf keinen Fall verpassen darf man die Begehung der Aareschlucht. Während Jahrtausenden hat der Fluss einen tiefen Graben in den Kalkstein gefressen. Gegen 200 Meter tief und an der engsten Stelle kaum mehr als einen Meter breit ist die Aareschlucht zwischen Innertkirchen und Meiringen. Seit Ende des 19. Jahrhunderts ist die anderthalb Kilometer lange Erlebnisschlucht auf sicheren Stegen und durch Tunnel zugänglich. Die Durchwanderung dauert etwas weniger als eine Stunde.

HOTEL-TIPPS

- **HOTEL ALPENBLICK** 3812 Wilderswil
  Tel. 033 828 35 50 | www.hotel-alpenblick.ch
- **SEEHOTEL BÖNIGEN** 3806 Bönigen
  Tel. 033 827 07 70 | www.seehotel-boenigen.ch
- **HOTEL SEILER AU LAC** 3806 Bönigen
  Tel. 033 828 90 90 | www.seileraulac.ch
- **GRANDHOTEL GIESSBACH** 3855 Brienz
  Tel. 033 952 25 25 | www.giessbach.ch
- **HOTEL LINDENHOF** 3855 Brienz
  Tel. 033 952 20 30 | www.hotel-lindenhof.ch
- **PARKHOTEL DU SAUVAGE** 3860 Meiringen
  Tel. 033 971 41 41 | www.sauvage.ch

1 | Pilatus

Brünig Giswil Sarnen-Wil Stans

DER LOTSE

Wir verlassen das Haslital, um mit der Schmalspur-Zahnradbahn (Zentralbahn Interlaken-Ost – Luzern) oder individuell über den Brünig nach Obwalden zu fahren. Kurz nach der Passhöhe, wo einst Belle-Époque-Hotels standen, verlassen wir das Berner Oberland, dem wir seiner Bedeutung wegen fünf Etappen gewidmet haben. Nach wenigen Kilometern mit vielen Autobahn-Baustellen erreichen wir die Ferienregion Lungern-Schönbühl. Die vom fast immer grünen Lungernsee geprägte Landschaft zieht Familien, Wanderer und Naturfreunde an. Auch Leute mit kleinem Budget können sich hier Ferien leisten. Ein Klassiker unter den Tagesausflügen ist die Fahrt (oder der Aufstieg) zum Aussichtspunkt Schönbühl auf 2000 m ü. M., Ausgangspunkt zur beliebten Brienzer-Rothorn-Wanderung. Zurück fährt man bequem mit dem Dampfzug nach Brienz oder der Zentralbahn nach Lungern. Naturliebhabern zu empfehlen ist der Schmetterlingspfad, eine Rund- oder Talwanderung durch Blumenwiesen mit einer grossen Schmetterlings-Vielfalt.

GISWIL – MIT DER BRÜNIGBAHN GEWACHSEN

Mit dem Bau der Brünigbahn (heute Zentralbahn) begann für Giswil der wirtschaftliche Aufschwung; natürlich auch mit den «Fremden», denen es die schöne Obwaldner Landschaft angetan hatte. Das ist auch heute noch so, ist sie doch weitgehend intakt geblieben. Wichtig sind dabei der Sarnersee, die grosse Talebene sowie ein Kranz von Bergen, von denen der Giswilerstock hervorsticht. Kulturell Interessierte werden hier fündig: Zu besichtigen sind zahlreiche historische Bauwerke, darunter die Pfarrkirche St. Laurentius, die Beinhauskapelle St. Michael, die Burgruine Rudenz und die Reste der Burg Rosenberg. Sogar ein Kulturhotel hat sich etabliert: die Krone, in der besonders viele kulturelle Anlässe stattfinden. Mit der Erschliessung des Skigebietes Mörlialp ist Giswil heute eine autonome Ferienregion.

SARNEN – HAUPTORT, BILDUNGS- UND FERIENSTADT

In Sarnen geht alles Hand in Hand: arbeiten in der Gastronomie, im Gewerbe und in Industriebetrieben, lernen auf allen Stufen, den Kanton verwalten, im Kantonsrat tagen und sich fast immer ein wenig in den Ferien fühlen. Dazu tragen sicher die vielen Gäste und noch mehr Tagestouristen bei, welche die schöne Altstadt und das Seeufer bevölkern. Sehenswert ist auch der Landenberg, ehemaliger Sitz der Vögte und während 300 Jahren Tagungsort der Landsgemeinde, die 1998 an der Urne abgeschafft wurde. Das Historische Museum in der ehemaligen Kaserne und der Hexenturm an der Sarneraa (heute auch Staatsarchiv) geben Auskunft über die Vergangenheit des schönen Halbkantons.

2 | Obwalden mit Sarnersee 3 | Kerns mit Pilatus 4 | Pilatus, Zahnradbahn 5 | Älplerchilbi, Stans

PILATUS – DER HAUSBERG DER LUZERNER

Er ist sagenumwoben (Pontius Pilatus soll im Pilatussee begraben sein), ein herrlicher Aussichtsberg, eine markante Erscheinung, auch mit Blick aus dem Mittelland, 73 Gipfel sind zu erkennen. Im obwaldnischen Alpnachstaad steht die Talstation der steilsten Zahnradbahn der Welt, die uns auf den Pilatus bringt. Von Luzern kommend, kann der Berg auch von Kriens aus mit der Gondelbahn via Fräkmüntegg und weiter mit der Luftseilbahn auf den Gipfel erreicht werden.

DER LOTSE

In der Zentralschweiz sind die Räume überschaubar und mit Ausnahme der Nord-Süd-Achse der A2 verkehrsmässig keinesfalls Stress auslösend. Nach kurzer Fahrt von Sarnen durch den schönen Ort Kerns nach Stans kommen wir bereits im Hauptort des Kantons Nidwalden an. Wer mit dem ÖV reist, muss den Umweg über Hergiswil in Kauf nehmen. Stans liegt zwischen dem Stanserhorn und dem Buochserhorn sowie dem westlichen Ausläufer des Bürgenstocks mit seinen Erstklasshotels, der in die Annalen des Welttourismus eingegangen ist und demnächst wieder an alte Glanzzeiten anschliessen will. Besonders schön fürs Auge sind die Nachbarorte Beckenried, Buochs und Stansstad, allesamt am Vierwaldstättersee gelegen. Beckenried ist in den Köpfen der Kenner untrennbar verbunden mit der Klewenalp und Buochs mit dem Flugplatz. Die Zentralschweiz ist mit vielen Aussichtsbergen gesegnet. Ein solch wunderbarer Punkt ist zweifellos auch das Stanserhorn. Einen Hauch Nostalgie vermittelt die kombinierte Fahrt ab Stans mit der Oldtimer-Standseilbahn und der Luftseilbahn auf den Gipfel. Zusätzlicher Höhepunkt ist das neuerbaute Rondorama, ein Drehrestaurant, welches den Blick auf 100 km Gipfelparade und 10 Schweizer Seen freigibt. Leider sind Bahn und Rondorama nur im Sommer geöffnet.

HOTEL-TIPPS

- **HOTEL KREUZ** 6072 Sachseln
  Tel. 041 660 53 00 | www.kreuz-sachseln.ch
- **SEEHOTEL WILERBAD** 6062 Wilen
  Tel. 041 662 70 70 | www.wilerbad.ch
- **PARKHOTEL WALDHEIM AM SARNERSEE** 6062 Wilen
  Tel. 041 660 13 83 | www.waldheim.com
- **HOTEL ENGEL** 6370 Stans
  Tel. 041 619 10 10 | www.engelstans.ch
- **HOTEL SEEBLICK** 6376 Emmetten
  Tel. 041 624 41 41 | www.hotelseeblick.ch

1 | Kapellbrücke, Luzern

ENGELBERG LUZERN

ENGELBERG UND GLETSCHERZIEL TITLIS

Das Dorfbild der grossen Ferienstation (die als Enklave zum Kanton Obwalden gehört) wird vom eindrücklich repräsentierenden Benediktinerkloster und der Stiftskirche geprägt. Engelberg ist so etwas wie Naherholungsgebiet für die Agglomeration Luzern und ein Muss für seine vielen Touristen aus aller Welt. Neben der Strasse fährt die Schmalspurbahn LSE (Luzern-Stans-Engelberg) in das grösste Tourismusgebiet der Zentralschweiz. Engelberg verfügt mit seinen rund 50 Hotel- und Gastronomiebetrieben und den Ferienwohnungen über 12 000 Gästebetten. Der Ort ist nicht gerade eine Oase der Ruhe, mehr eine Ferienheimat für Sportler, Junge und Junggebliebene und Geniesser jeder Spezies. Ein Engelsgeschenk für den Tourismus ist der Titlis, der König der Innerschweizer Gletscherberge mit 3000 Metern Höhe. Die längste Abfahrt vom Titlis nach Engelberg, bei der 2000 Höhenmeter überwunden werden, beträgt 12 Kilometer! Das Skigebiet Jochpass führt ins Berner Oberland. «Brunni» heisst der Sonnenhang zuhinterst im Talkessel, der auch für weniger geübte Skifahrer geeignet ist.

DER LOTSE

Auf der Fahrt nach Luzern fahren wir durch Stans und seine Nachbarschaft, die in der letzten Etappe erwähnt wurden. Ab Stansstad stehen vier Verkehrsträger zur Auswahl: die Autobahn A2, die LSE, die Kantonsstrasse oder das Schiff. Alle Landwege führen am berüchtigten Lopper vorbei, der Bauleuten und Verkehrsteilnehmern schon manche Überraschung bereithielt. In Hergiswil möchte ich den Lesern die Glasi (Glashütte Hergiswil) ganz besonders ans Herz legen. Als sie 1975 geschlossen werden sollte, rettete Roberto Niederer (er bezeichnete sich selbst als autodidaktischen Glasnarr) den Betrieb und damit über 100 Arbeitsplätze. Heute führt Sohn Robert als CEO die Glasi. Ausstellung, Betriebsrundgang (jeder kann selbst Glas blasen) und Glas-Shop sind öffentlich.

Letzte Station vor Luzern ist im Süden Horw. Sie liegt privilegiert zwischen Vierwaldstättersee, Pilatus und der Stadt Luzern. Die zu Horw gehörenden Gemeinden Kastanienbaum und St. Niklausen bieten Besserverdienenden paradiesische Wohnlagen. Auch die Touristen fühlen sich hier abseits der Verkehrswege gut aufgehoben.

LUZERN – RÜDIG SCHÖNE STADT

Zweifellos ist die Kantonshauptstadt mit fast 80 000 Einwohnern das wirtschaftliche und kulturelle Zentrum der Zentralschweiz. Auch für Strasse, Schiene und Wasser ist Luzern Dreh- und Angelpunkt. Über die Stadt könnten wir natürlich ein eigenes Buch schreiben. Deshalb konzentriere

2 | Engelberg 3 | Titlis 4 | KKL, Kultur- und Kongresszentrum Luzern 5 | Luzern, Hofkirche

ich mich auf wichtige Sehenswürdigkeiten, Museen, Kulturstätten, Events und persönliche Vorlieben. Kapellbrücke und Altstadt: Leider wurde die Kapellbrücke, bei der in der Mitte das Wahrzeichen von Luzern, der Wasserturm, steht, 1993 durch ein schlimmes Feuer zerstört. Sie konnte dank gutem Bauregister wieder aufgebaut werden, doch waren 81 der 111 berühmten Gemälde aus dem Mittelalter endgültig zerstört. Die Altstadt ist neben dem alten Bern sicher die schönste der Schweiz. Historische, mit Fresken geschmückte Häuser, grosse Plätze, Kirchen und Kapellen wollen besichtigt werden. Die barocke Jesuitenkirche und die zwei Türme der Hofkirche sind aus dem Altstadtbild nicht wegzudenken. Verkehrshaus: grösstes und meistbesuchtes Museum der Schweiz mit einer riesigen Sammlung von Lokomotiven, Autos, Schiffen und Flugzeugen. Ein Anziehungspunkt ist das IMAX-Kino und das Grossplanetarium der Schweiz.
Bourbaki-Panorama: Mit dem 112 Meter langen, gemalten Bild besitzt Luzern eines der wenigen erhaltenen Panorama-Rundgemälde. Kunstmuseum, Richard-Wagner-Museum, Sammlungen von Picasso und Hans Erni: Mehr muss man nicht sagen. Einfach hingehen und eintauchen. Gletschergarten: Er zeigt Luzern während der Eiszeit vor 20 000 Jahren und im subtropischen Klima vor 20 Mio. Jahren. Unmittelbar neben dem Gletschergarten steht das bekannte Löwendenkmal. KKL (Kultur- und Kongresszentrum Luzern): Die Verantwortlichen haben dem monumentalen Bau, der schon der eindrücklichen Grösse wegen nicht übersehen werden kann, drei Leitmotive verpasst: Dach für Luzern – Schweizer Ikone – Europäisches Haus. Die Architekten Jean Nouvel und Emmanuel Cattani aus Paris gewannen den Wettbewerb und durften das Haus bauen. Im Jahre 2000 wurde das Kunstwerk eröffnet und stellt seither alle bisherigen multifunktionalen Kulturhäuser der Schweiz in den Schatten.

HOTEL-TIPPS

- **RAMADA HOTEL REGINA TITLIS** 6390 Engelberg
  Tel. 041 639 58 58 | www.ramada-treff.ch
- **HOTEL WALDEGG** 6390 Engelberg
  Tel. 041 637 18 22 | www.waldegg-engelberg.ch
- **SEEHOTEL PILATUS** 6052 Hergiswil
  Tel. 041 632 30 30 | www.pilatushotel.ch
- **HOTEL DES BALANCES** 6004 Luzern
  Tel. 041 418 28 28 | www.balances.ch
- **SEEHOTEL HERMITAGE** 6000 Luzern 15
  Tel. 041 375 81 63 | www.hermitage-luzern.ch
- **HOTEL SEEBURG LUZERN** 6006 Luzern
  Tel. 041 375 55 55 | www.hotelseeburg.ch

1 | Weggis

Weggis Vitznau Rigi Brunnen Schwyz

DER LOTSE

Auf dem Weg nach Schwyz führt uns die Reise bis Brunnen immer dem Ufer des Vierwaldstättersees entlang. Wer mit dem ÖV reist, nimmt in Luzern die S-Bahn bis Küssnacht. Hier soll einst Tell seinen Widersacher Gessler in der Hohlen Gasse niedergestreckt haben. Unmittelbar beim Dorfeingang verunglückte am 29. August 1935 die belgische Königin Astrid tödlich. Die Gedenkstätte mit einer Kapelle wird noch heute von vielen Belgiern und Touristen aus aller Welt besucht. Eine kleine Luftseilbahn führt auf die beliebte Küssnachter Seebodenalp. Ein lieber, leider verstorbener Freund machte zweimal jährlich den Seebodenalp-Test. Nicht im Restaurant, nein auf dem Wanderweg zur Rigi, um seine Kondition zu testen. Eine gute Idee! Die Ferienorte rund um den Charakterberg wären alle nicht das geworden, was sie heute sind, wenn die Rigi, Königin der Berge, bei der Faltung ins Entlebuch oder ins Freiamt abgerutscht wäre. Kurz nach Küssnacht statten wir der kleinen Gemeinde Greppen einen Besuch ab. Hier findet jedes Jahr die beliebte Cheschtene-Chilbi (Kastanienfest) statt. Zu besichtigen ist aber das ganze Jahr die gotische Wendelinskirche. Der Kern von Greppen gehört zum Inventar der schützenswerten Schweizer Orte. Ab Küssnacht können alle Orte dieser Etappe mit dem Bus erreicht werden, der bis zur Schwyzer Post verkehrt.

WEGGIS – PRIVILEGIERT IN ALLEN BELANGEN

Der wohl bekannteste Reiseschriftsteller, Mark Twain, schrieb 1897, dass Weggis der lieblichste Platz sei, den er je besucht habe. Oft wird der für sein mildes Klima bekannte Kur- und Ferienort mit der südfranzösischen Riviera verglichen. Weggis war schon immer ein Tourismuspionier. So eröffnete es als erster Ort in der Schweiz 1919 ein Lido, wo Männer und Frauen gemeinsam baden durften. Vor dem Bau der Bergbahnen war der berühmteste Aussichtsberg der Zentralschweiz ein Thema für die Sänftenträger, welche wohlhabende Gäste von Weggis oder Vitznau auf die Rigi trugen.

DIE RIGI – AUTOFREIES FERIENDORF KALTBAD

Drei Dinge sind es, die die Gäste zur Fahrt mit der Luftseilbahn ab Weggis oder den Zahnrad-Bahnen ab Vitznau und Goldau bewegen: die grossartige Aussicht auf das Panorama der Alpen, auf 13 Seen und das ganze Mittelland bis nach Süddeutschland und ins Elsass, die sportliche Betätigung im Sommer und Winter in reiner, klarer Luft und eine Ruhe, die ihresgleichen sucht.

2 | Rigi-Staffel 3 | Vitznau 4 | Morschach 5 | Brunnen, Schiffsteg

VITZNAU – GEBURTSORT DER ZAHNRADBAHNEN

Der beliebte Ferien- und Ausflugsort liegt in einer idyllischen Bucht des Vierwaldstättersees und ist untrennbar mit der Rigi verbunden. Hier kann die Artilleriefestung, die im Zweiten Weltkrieg als Teil des berühmten Reduits am Gotthard in die Rigi gebohrt wurde, besichtigt werden. Wer vom Anschauen noch nicht genug hat, kann eine Nacht im Festungshotel verbringen. Gegen Ende des 19. Jahrhunderts wurde in Vitznau Technik-Geschichte geschrieben, als im Mai 1871 die erste Zahnrad-Bergbahn Europas dampfend die Rigi erklomm. Auch im Schiffbau erwiesen sich die Vitznauer als Pioniere: Sie bauten die ersten zwei Salonraddampfer für den Vierwaldstättersee.

BRUNNEN UND MORSCHACH

Die Ferienstation direkt am See vis-à-vis von Rütli und Schillerstein ist Wilhelm Tells Heimat. Da jedenfalls hatte ihn Schiller platziert. Das Gemeinschaftswerk der Schweizer Kantone «Der Weg der Schweiz», der um den Urnersee führt, hat nach wie vor eine grosse Anziehungskraft. Erwandert muss nicht unbedingt die ganze Strecke werden, denn an den Etappenorten besteht die Möglichkeit, mit dem Schiff an den Ausgangspunkt zurückzukehren. Ein Erlebnis der besonderen Art ist der Swiss Holiday Park im benachbarten Morschach. Der grösste Ferien- und Freizeitpark der Schweiz kann einiges bieten: Bäder, Wellness, Saunas, Römisch-Irische Thermen, Sportanlagen, Go-Kart und Hochseilpark. Wohnen kann man auch hier: Es hat 850 Betten.

SCHWYZ – HÜTERIN DES BUNDESBRIEFES

Der kleinen Stadt Schwyz, Hauptort des gleichnamigen Urkantons, verdankt die Schweiz sowohl den Namen wie das Wappen. Im Bundesbriefmuseum werden die wichtigsten Dokumente der Ur-Schweiz aufbewahrt, darunter auch die Gründungsurkunde der Eidgenossenschaft. Multimedial können die Besucher im Forum der Geschichte erleben, wie die ersten Eidgenossen zwischen 1300 und 1600 gelebt hatten. Schwyz verharrt keinesfalls in Ehrerbietung. Ein Kontrastprogramm bietet Victorinox: Um die 25 000 bestbekannte Schweizer Taschenmesser verlassen hier täglich die Fabrik.

HOTEL-TIPPS

- **HOTEL CENTRAL AM SEE** 6353 Weggis
  Tel. 041 392 09 09 | www.central-am-see.ch
- **HOTEL VITZNAUERHOF** 6354 Vitznau
  Tel. 041 399 77 77 | www.vitznauerhof.ch
- **RIGI HOSTELLERIE** 6356 Rigi-Kaltbad
  Tel. 041 399 81 81 | www.rigi-host.ch
- **HOTEL BERGSONNE** 6356 Rigi-Kaltbad
  Tel. 041 399 80 10 | www.bergsonne.ch
- **SEEHOTEL WALDSTÄTTERHOF** 6460 Brunnen
  Tel. 041 825 06 06 | www.waldstätterhof.ch
- **SWISS HOLIDAY PARK** 6443 Morschach
  Tel. 041 825 50 50 | www.swissholidaypark.ch
- **SEMINAR- UND WELLNESSHOTEL STOOS** 6433 Stoos
  Tel. 041 817 44 44 | www.hotel-stoos.ch

1 | Kloster Einsiedeln

Einsiedeln
Lachen
Glarnerland
Amden-Weesen
Rapperswil

DER LOTSE

Wir haben die Nachbarschaft von Schwyz bei der letzten Etappe vernachlässigt, nun holen wir das nach. Der autofreie Stoos, mit einer Zahnradbahn vom Muotatal aus oder mit zwei Bahnen vom Urnersee her erschlossen, ist Sommer- und Winterstation. Das Muotatal ist wohl wegen der naturvertrauten Wetterfrösche ein Begriff. Der Besuch des 200 km langen Höhlensystems Hölloch ist für Forschernaturen Pflicht. Ein weiterer Höhepunkt erwartet uns auf dem Fronalpstock, der zu Fuss oder mit der Luftseil- und Sesselbahn erreicht werden kann. Er gehört mit seinem atemberaubenden Rundblick zu den Top 10 der Zentralschweizer Aussichtsberge.

Für Individualreisende gibt es nur einen schnellen Weg nach Einsiedeln: die Strasse über den Sattel, wo Geschichtsinteressierte noch den Morgarten (Eidgenossen und Habsburger lieferten sich hier 1315 die erste Schlacht) besuchen können. Eine Alternative für Slow-Reisende ist die Ibergeregg mit dem Zürcher Top-Skigebiet Hoch-Ybrig. Wer mit dem ÖV reist, muss den Umweg über Arth-Goldau in Kauf nehmen.

EINSIEDELN – DAS KLOSTERDORF

Imposanter und das Ortsbild beherrschender Bau ist die barocke Klosteranlage aus dem 18. Jahrhundert. Einsiedeln ist unbestritten der wichtigste Wallfahrtsort der Schweiz. Mit seiner Schwarzen Madonna zieht er täglich Hunderte von Pilgern an. Hier führt auch der Jakobsweg vom Bodensee nach Genf vorbei. Das voralpine Hochtal wird geprägt von vielen Mooren und dem Sihlsee, welcher der grösste Stausee der Schweiz ist. Heute ist der einstige reine Pilgerort eine kombinierte Station von Feriengästen und Wallfahrern. Mit dem Skigebiet Hoch-Ybrig und einem grossen Wandergebiet erfüllt es die meisten Gästewünsche.

LACHEN, GLARNERLAND UND AMDEN-WEESEN

Im Laufe der Jahrhunderte entstand die Perle am Obersee um den Marktplatz, gleich hinter dem Hafen. Lachen war lange Umschlagplatz für Waren ins Glarnerland und Richtung Bündner Alpenpässe. Schon 1875 kam mit der Nordostbahn der öffentliche Verkehr. Ständig brauchte und braucht Lachen neuen Wohnraum. Die Gemeinde entwickelte sich prächtig, auch zum Tourismusort. Heute wohnen 8000 Menschen hier. Auch der bekannten Gastronomie wegen kommen viele Auswärtige nach Lachen.

Glarnerland macht schön! Der geschützte Claim, offenbar

2 | Braunwald 3 | Rapperswil 4 | Lachen 5 | Kerenzerberg, Walensee mit Leistkamm, Amden und Churfirsten

bei der revolutionärsten Fusion von Schweizer Gemeinden geboren, trifft sicher zu. Hier, etwas abseits der Verkehrsströme, ist die Hektik der urbanen Zentren noch nicht angekommen. Seit Januar 2011 gibt es nur noch drei Glarner Einheitsgemeinden. Obwohl oft etwas verkannt und wegen des bekannten Glarner Schabzigers auch Zigerschlitz genannt, sind die Menschen hier äusserst fortschrittlich und innovativ. Aktive Ferien im Sommer und im Winter sind in den Hauptdestinationen Kerenzerberg (Filzbach), im autofreien Braunwald und in Elm möglich, wo ein Naturspektakel Weltberühmtheit erlangt hat: Zweimal jährlich scheint die Sonne durchs Martinsloch direkt auf die Kirche Elms (13./14. März und 30. September/1. Oktober).
Auf der gegenüberliegenden Seite des Walensees besuchen wir den ruhig gelegenen Ferienort Amden. Nahe dem Ballungszentrum gelegen, eignet sich die Sonnenterrasse für Kurzferien im Sommer und im Winter ganz besonders gut.

DER LOTSE

Bei der Entstehung der Schweizer Reise machten sich oft leichte Depressionen bei mir bemerkbar, wenn ich aus Platzgründen einer Region nicht gerecht werden konnte. So ist es mir auch mit Glarus ergangen. Wir haben nicht von den Schönheiten des Klöntals oder vom Klausenpass gesprochen, der Glarus direkt mit dem Kanton Uri verbindet und der ebenfalls zu den «umfahrenen» Gebieten gehört. Fazit: selber hingehen und anschauen. Auf dem Weg nach Rapperswil, in den dritten Kanton (St. Gallen) notabene in dieser Etappe, erreichen wir über Pfäffikon (mit dem grössten gedeckten Wasserpark Europas) und der Passage des eindrücklichen Seedamms die Rosenstadt Rapperswil.

RAPPERSWIL-JONA

Rosen zieren das Wappen von Rapperswil, auf öffentlichen Plätzen und in drei Rosengärten blühen die Königinnen der Blumen in unzähligen Sorten und Farben. Rapperswil ist Touristenort erster Güte mit entsprechender Infrastruktur. Gleichzeitig ist die Stadt Verkehrsknotenpunkt und aus allen vier Himmelsrichtungen auf Strasse, Schiene und Wasser bestens erreichbar. Besonders sehenswert sind die Altstadt, das Schloss mit dem Schlosshügel, das Circus-Museum und der bekannte Kinderzoo Knie.

HOTEL-TIPPS

- **HOTEL DREI KÖNIGE** 8840 Einsiedeln
  Tel. 055 418 00 00 | www.hotel-dreikoenige.ch
- **SEEDAMM PLAZA** 8808 Pfäffikon
  Tel. 055 417 17 17 | www.seedamm-plaza.ch
- **HOTEL MARINA LACHEN** 8853 Lachen
  Tel. 055 451 73 73 | www.marinalachen.ch
- **ERLEBNISHOTEL RÖMERTURM** 8757 Filzbach
  Tel. 055 614 62 62 | www.seminarhotel.com
- **HOTEL CRISTAL** 8784 Braunwald
  Tel. 055 643 10 45 | www.hotel-cristal.ch
- **HOTEL ARVENBÜEL** 8873 Amden
  Tel. 055 611 60 10 | www.arvenbuel.ch

1 | Kartause Ittingen

Toggenburg Wil Weinfelden Frauenfeld

WILDHAUS – UNTERWASSER – ALT ST. JOHANN

Im toggenburgischen Wildhaus wurde 1484 der bestimmt bekannteste Wildhauser, Huldrych Zwingli, geboren. Bekannt wurde der Pfarrer aus dem Toggenburg, als er in Zürich seine Tätigkeit als Reformator aufnahm. Es war die Gründungszeit der evangelisch-reformierten Landeskirche der Schweiz. Zwingli starb mit 48 Jahren im Kappeler Krieg. Das Geburtshaus darf man gerne besichtigen. Weil man praktisch überall wandern und Ski fahren kann, wähle ich gerne aus den Event-Gruppen «Kulturelles» oder «Dies und Das» Themen aus, die allgemein interessieren, aber nicht mainstream sind. In Wildhaus ist dies z. B. die Käseakademie, wo jedermann dieses köstliche Lebensmittel selbst herstellen kann. Oder Gamplüt, die erste mit Sonnenstrom betriebene Gondelbahn. In Unterwasser (passt herrlich zum Thema) sind die Wasserfälle der Thur ein beliebtes Ziel.

DER LOTSE

Nun haben wir also noch nichts von den romantischen Bergseen vernommen, kein Wort über die Charakterberge Churfirsten verloren und sind schon wieder auf Talfahrt. Erwähnt werden sollen der beliebte Sagenweg im Toggenburg, der Neckiweg, die betreuten Kinderprogramme mit Besuchen auf dem Bauernhof, die Reitmöglichkeiten für Gross und Klein, das Campieren auf der Alp, die Möglichkeit, sich im Sommer und Winter sportlich zu betätigen. In Neu St. Johann können wir einen Abstecher auf die Schwägalp machen, von wo uns eine beeindruckende Luftseilbahn zuoberst auf den Säntis bringt. Eigentlich ist der Säntis auch ein Toggenburger, geht doch die Kantonsgrenze zwischen Appenzell und St. Gallen durch das Gipfelrestaurant. Zwischenhalte lohnen sich auch in Krummenau, in Ebnat-Kappel und Wattwil. Letzterer ist zwar kein eigentlicher Ferienort, hat aber als Metropole des Toggenburgs viel zu bieten. Viele lohnende Ziele im Untertoggenburg müssen aus Platzgründen vernachlässigt werden, obwohl ich ein Fan von Mogelsberg und Degersheim bin. Ähnlich ergeht es dem Zürcher Oberland, welches bei der Fahrt nach Wil in nächster Nähe ist. Hier seien trotzdem erwähnt: der Bachtel, das Hörnli (Aussichtsberg erster Güte), der Hasenstrick und die Hulftegg, deren Passhöhe aber bereits im Kanton St. Gallen liegt.

WIL – WIRTSCHAFTS- UND KULTURZENTRUM

Wil ist in erster Linie das Wirtschaftszentrum des unteren Toggenburgs und des Fürstenlandes. Mit 62 000 Personen (Wil

2 | Alt St. Johann 3 | Altmann und Säntis 4 | Degersheim, Untertoggenburg 5 | Alpkäserei im Toggenburg

und Agglomeration) ist es das zweitgrösste Ballungszentrum des Kantons St. Gallen. Die Wiler Altstadt gilt als die besterhaltene der Ostschweiz. Schöne Riegelhäuser, Arkaden, malerische Gassen und Plätze machen den Kern der Stadt zu einem Bijou. Im alten «Hof zu Wil» hatten während 500 Jahren die St. Galler Fürstäbte ihre Residenz. Für Ausflüge aller Art ist Wil perfekt gelegen: je eine halbe Stunde Fahrzeit nach Zürich, in die Berge, an den Bodensee und nach St. Gallen.

WEINFELDEN – EINE ALTE LIEBE

Weinfelden möchte, wie viele andere wachsende Orte in der Schweiz, eine Gemeinde bleiben. Trotz vieler neuer Mehrfamilienhäuser und neuer moderner Fabriken hat die kleine Stadt wenig vom ländlichen Charakter eingebüsst. In der Stadt müssen keine Parks angelegt werden. Weinfelden befindet sich in der Grünzone. Als ich während der Weiterbildung einige Wochen hier wohnen durfte, waren die Höhepunkte nach strengen Tagen die Ausflüge in eines der Restaurants am und auf dem Ottoberg. Mitten in den Weinbergen, hoch über der Stadt mit Freunden den Tag ausklingen lassen, machte selig.

DER LOTSE

Die Frauenfelder mögen es mir nicht verübeln, dass nicht die Hauptstadt des Kantons, sondern der nahe gelegene Ort Warth die Hauptrolle spielen darf. Um alle Zweifel auszuräumen: Ich bin nicht Mitglied der privatrechtlichen Stiftung Kartause Ittingen. Und trotzdem opfere ich für sie das Frauenfelder Porträt. Der Ort der Begegnung und der Kultur ist ein ehemaliges Kartäuser Kloster mit einer 800 Jahre alten Geschichte. Die Kartause zählt nicht nur zu den wichtigsten Kulturdenkmälern der Ostschweiz, sondern ist seit der vollständigen Restaurierung und der Wiedereröffnung im Jahre 1982 eines der interessantesten Kultur- und Begegnungszentren der Schweiz. Zur Kartause gehören das Kunstmuseum Thurgau, ein Hotel- und Gastronomiebetrieb, ein Seminarzentrum, ein Gutsbetrieb, ein Rebberg, wunderbare Kräuter-, Heilpflanzen- und Rosengärten und noch vieles mehr, weshalb sich eine Besichtigung lohnt.

HOTEL-TIPPS

- **HOTEL HIRSCHEN** 9658 Wildhaus
  Tel. 071 998 54 54 | www.hirschen-wildhaus.ch
- **HOTEL STUMP'S ALPENROSE** 9658 Wildhaus
  Tel. 071 998 52 52 | www.stumps-alpenrose.ch
- **HOTEL KAPPLERHOF** 9642 Ebnat-Kappel
  Tel. 071 992 71 71 | www.kapplerhof.ch
- **HOTEL WOLFENSBERG** 9113 Degersheim
  Tel. 071 370 02 02 | www.wolfensberg.ch
- **GASTHAUS RÖSSLI** 9122 Mogelsberg
  Tel. 071 374 15 11 | www.roessli-mogelsberg.ch
- **HOTEL THURGAUERHOF** 8570 Weinfelden
  Tel. 071 626 33 33 | www.thurgauerhof.com
- **KARTAUSE ITTINGEN** 8532 Warth-Frauenfeld
  Tel. 052 748 44 11 | www.kartause.ch

1 | Zürich

Winterthur Flughafen Zürich

WINTERTHUR – DIE KULTURSTADT SCHLECHTHIN

Zugegeben, die zweitgrösste Stadt des Kantons Zürich ist keine touristische Hochburg. Aber für Schweizreisende mehr als eine gute Adresse. Es ist eine Schatzkammer für Kunst- und Kulturinteressierte jeglicher Couleur, für Schauspielfreunde und Fans von Kleinkunst und Comedy.
Sechzehn Museen, viele davon mit Weltruhm, haben Winterthur in die erste Liga der Kunst gebracht. Dazu gehört auch das Fotomuseum, das einzige in der Deutschschweiz. Es zeigt mehr als 30 000 Originale von weltbekannten Fotografen. Das Technorama, eine unterhaltsame Einführung in die Entwicklung von Wissenschaft und Technik, zieht viele, vor allem junge Menschen an. Die Stadt verdankt ihren kulturellen Reichtum wohlhabenden Familien aus der Zeit, als Winterthur eines der wichtigsten Industrie- und Handelszentren war. Mit 100 000 Einwohnern bewegt sich aber auch heute einiges. Die pulsierende Altstadt spielt für die Freizeit die entscheidende Rolle. Hier hat man nie das Gefühl, in ein altes, verschlafenes Quartier geraten zu sein. Das Sulzerareal hat sich vom Industriepark zur Eventbastion entwickelt, Europas grösster Trendsporthalle. Trotz Industrietradition ist Winterthur auch eine grüne Stadt geblieben. Auffallend viele Parks und grosse Gärten lassen nie das Gefühl von Enge aufkommen.

DER LOTSE

Ungefähr auf halbem Weg zwischen Winterthur und Zürich ist der grösste Schweizer Flughafen. Man kann ihn nicht übersehen, ist er doch auf allen Autobahn-Zubringern und Hauptstrassen ausgeschildert. Seit Eröffnung der Flughafenstrecke 1980 werden alle Fernverkehrszüge zwischen Zürich und Winterthur durch den unterirdischen Flughafenbahnhof geleitet. Er wurde direkt unter den Terminal-Parkhäusern gebaut. Damit sind viele wichtige Städte in der Schweiz direkt an den Luftverkehr angebunden. Zusätzlich verkehren S-Bahnen in die City, Fahrzeit rund 11 Minuten. Im Jahr 2009 zählte der Flughafen Zürich 22 Millionen Passagiere und 350 000 Tonnen Fracht. Die fünf wichtigsten Airlines sind die Swiss (die Nachfolgegesellschaft der Swissair nach deren Grounding), die Lufthansa (heute Besitzerin der Swiss), die Air Berlin, die Air France und die British Airways.

ZÜRICH – PRIMUS SO WEIT DAS AUGE REICHT

Die Metropole der Schweiz (die Hauptstadt ist Bern) kann sich in jeder Beziehung sehen lassen: schön gelegen um das Zürcher Seebecken, umgeben von bebauten Hügeln mit herrlicher Sicht in die Berge, einladende Shopping-Meilen in einem gewachsenen Zentrum, ein pulsierendes urbanes Leben mit

2 | Sonnenberg, Blick auf Zürich 3 | Winterthur 4 | Winterthurer Altstadt 5 | Flughafen Zürich

einem unendlich grossen Freizeitangebot, ein grosses Kulturangebot. Rund 400000 Menschen leben hier, die Wirtschaft bietet 330000 Arbeitsplätze an. Im Bankenwesen würde ohne Zürich gar nichts laufen, bei den gedruckten und den elektronischen Medien ebenso. Wenn man die Machtkonzentration nicht einfach hinnehmen würde, müsste man Angst haben.

DAS MILLIONEN-ZÜRICH

Damit sind für einmal nicht die Reichen und die gutverdienenden Manager gemeint. Es geht um die Agglomeration, in der 1,1 Millionen Menschen wohnen und die Zürich als ihren wichtigsten Bezugsort bezeichnen. Noch gigantischer für Schweizer Verhältnisse ist die Metropolitanregion, zu der grosse Teile des östlichen und zentralen Mittellandes zählen: 2 Millionen Einwohner. Das merkt man auch, wenn man einen Termin in der City wahrnehmen muss. Beim Individualverkehr heisst es einfach anstehen. Und im ÖV die Menschenmassen annehmen: 220000 Werktätige pendeln täglich mit Bahn oder Bus. Die Statistiken würden noch beliebig viele beeindruckende Zahlen liefern. So studieren 45000 meist junge Menschen in der Stadt, und für das Gemeinwohl (Stadtverwaltung) sind 26000 Mitarbeitende im Einsatz.

VOM FREIZEITANGEBOT, DER KUNST UND DER KULTUR

Zürich hat die höchste Clubdichte der Schweiz. Ob im legendären Kaufleuten, im Mascotte und seinen unzähligen Schwestern, in Zürich-West, in den Stadtkreisen 4 und 5, überall besteht ein riesiges Angebot. Nach 23 Uhr gehen die Partys los und dauern bis in den frühen Morgen. Ob da auch Menschen mit einer normalen Arbeit hingehen, entzieht sich meiner Kenntnis. Auch Wissensbegierige und Kunstfreunde kommen auf ihre Rechnung: 50 Museen kann man besuchen, wovon 14 sich der Kunst widmen. Das Landesmuseum beim Hauptbahnhof sollte jeder Gast einmal besuchen: Er lernt dort, was Schweizer Kulturgeschichte ist. Umfassend, eben die grösste Sammlung der Schweiz, wie alles in Zürich.

HOTEL-TIPPS

- **HOTEL RESTAURANT RÖMERTOR** 8404 Winterthur
  Tel. 052 244 55 55 | www.roemertor.ch
- **HOTEL CONTI** 8953 Dietikon
  Tel. 044 745 86 86 | www.conti.ch
- **HOTEL SOMMERAU TICINO** 8953 Dietikon
  Tel. 044 745 41 41 | www.sommerau-ticino.ch
- **HOTEL GEROLDSWIL** 8954 Geroldswil
  Tel. 044 747 87 87 | www.hotelgeroldswil.ch
- **ROMANTIK SEEHOTEL SONNE** 8700 Küsnacht
  Tel. 044 914 18 18 | www.sonne.ch
- **HOTEL UTO KULM** 8143 Uetliberg-Zürich
  Tel. 044 457 66 66 | www.utokulm.ch
  www.uetliberg.ch

1 | Zug

ZUG SURSEE HUTTWIL EMMENTAL

DER LOTSE

Wie Sie unschwer feststellen können, begeben wir uns auf eine längere Etappe quer durch das Mittelland bis ins Herz des Emmentals. Allerdings ziemlich weit südlich der total überlasteten Verkehrs-Hauptschlagader Zürich-Bern. Auf unserem Weg, ob individuell oder mit Bahn und Bus, ist das Reisen wenig hektisch, ja beinahe gemütlich wie zu Gotthelfs Zeiten, nur schneller und bequemer. Dabei besuchen wir nur am Anfang eine kleine Grossstadt. Wer mit dem ÖV reist, dem empfehle ich, von Zug nach Luzern und von da nach Sempach und Sursee die Bahn zu nehmen.

ZUG – DAS WIRTSCHAFTSWUNDER

Der Kanton Zug gilt als Steueroase und hat faktisch auch die niedrigsten Steuersätze der Schweiz (halb so hoch wie im Landesdurchschnitt). Diesen glücklichen Umstand nutzen viele internationale Unternehmen, um ihren Firmen- oder Holdingsitz nach Zug zu verlegen. Dass das Gleichgewicht zwischen Bevölkerung und Wirtschaft gestört ist, bestreitet niemand: Rund 23000 Einwohner in Zug stehen 12000 registrierten Firmen gegenüber. Viele Unternehmen haben aber nur eine Postfachadresse. Dieses Missverhältnis treibt anderseits die Kosten für das Wohnen extrem in die Höhe. Es ist deshalb kein Einzelfall, wenn alteingesessene Zuger in den Nachbarkantonen ein Haus oder eine Wohnung kaufen, da, wo es für sie noch erschwinglich ist. Trotz allem ist Zug eine tolle, lebenswerte Stadt an schönster Lage.

DER LOTSE

Wir verlassen in Gisikon die Autobahn, um «übers Land» nach Eschenbach und weiter durch das schöne Regionalstädtchen Hochdorf am Baldeggersee nach Sempach zu fahren. Das historische Städtli, wie die Einheimischen es nennen, und die wirklich aussergewöhnlich schöne Seeparkanlage sind ein Gesamtkunstwerk. Viele bekannte Tourismusorte würden in dieser Hinsicht gerne tauschen. Das Städtli ist vor allem wegen der Schlacht bei Sempach (1336) und der Geschichte von Winkelried bekannt. Rund um den Sempachersee, der leider keine Schifffahrt hat, gibt es viel ursprüngliche Natur zu entdecken. Auch die Vogelwarte Sempach lohnt einen Besuch.

SURSEE – ATTRAKTIVE REGIONALSTADT

Neben der Stadt Luzern ist Sursee die zweite Metropole des Kantons Luzern. Sie liegt landschaftlich reizvoll am unteren Ende des Sempachersees mit einem grossen Naherholungsgebiet direkt vor der Haustüre: Wanderwege, Strandbad und Seepromenade, Velorouten, Spiel- und Sportanlagen bieten

2 | Lueg im Emmental 3 | Sempachersee 4 | Weihnachtsmarkt, Willisau 5 | Gansabhauet, Sursee

alles für Erholungssuchende und Aktive. Zwischen der kleinen Altstadt und dem im Westen liegenden Bahnhof ist eine grosse Shoppingzone mit vielen Neubauten entstanden. In Sursee gibt es ein reiches Kulturleben mit Musik, Theater, Comedy, Kunst und Brauchtum. Der wohl bekannteste Brauch, die «Gansabhauet», findet an Martini statt. Junge Leute versuchen mit verbundenen Augen eine aufgehängte tote Gans mit einem einzigen Säbelhieb vom Seil zu holen.

HUTTWIL – ZWISCHEN OBERAARGAU UND EMMENTAL

Wer von Sursee her kommend mit dem ÖV reist, macht einen kleinen Umweg über das wirklich reizende Städtchen Willisau. Bis hier verkehrt ab Sursee ein Bus, dann in Richtung Huttwil und weiter ins Emmental die S-Bahn. Huttwil ist sehr bodenständig, lebt vom Gewerbe und einigen Industriebetrieben und hat eher weniger Tourismus. Seminare und Tagungen werden aber gerne hier veranstaltet. In Huttwil ist das Nationale Sport- und Kulturzentrums (NSZ) mit grosser Infrastruktur zu Hause.

DER LOTSE

Leider kommt das Emmental zu kurz auf dieser Monster-Etappe. Ich muss mich auf wenige Highlights konzentrieren. Jeremias Gotthelf, der grosse Denker und Dichter, ist omnipräsent. In Ortschaften wie Lützelflüh z. B., wo er lange wirkte und schrieb, in Kirchen (Kirche Lützelflüh), wo er predigte, in der Kirche Würzbrunnen in Röthenbach, wo seine Romanfiguren heirateten und in vielen Emmentaler Gaststätten (z. B. das Chuderhüsi), wo seine Figuren Familienfeste feierten. Auch prägte er über Jahrhunderte die Emmentaler Küche, in der es oft Verbindungen zu Gotthelf gab und immer noch gibt. «Höger und Chräche», ja Hügel und Täler machen das Emmental aus. Eine Landschaft wie gemacht zum längeren Verweilen und zum Erholen von Körper, Seele und Geist, fernab von jeder Hektik, von Stress und von Aufgeregtheit. Köstlich essen kann man hier auch. Einige persönliche Empfehlungen: Kemmeriboden-Bad (Schangnau), Hotel Schloss Hünigen (Konolfingen), Landgasthof Lueg (Kaltacker), Hotel Moosegg (Emmenmatt).

HOTEL-TIPPS

- **HOTEL AESCH** 6318 Walchwil
  Tel. 041 758 11 26 | www.hotelaesch.ch
- **HOTEL RESTAURANT WALDHEIM** 6343 Risch
  Tel. 041 799 70 70 | www.waldheim.ch
- **SONNE BALANCE HOTEL AM SEE** 6205 Eich
  Tel. 041 202 01 01 | www.sonnebalance.ch
- **HOTEL UND LANDGASTHOF MENZBERG** 6125 Menzberg
  Tel. 041 493 18 16 | www.hotel-menzberg.ch
- **HOTEL KLEINER PRINZ, RESTAURANT** 4950 Huttwil
  Tel. 062 962 20 10 | www.kleiner-prinz.ch
- **GASTHOF ZUM GOLDENEN LÖWEN**
  HOTEL GARNI EMMENTAL 3550 Langnau
  Tel. 034 402 65 55 | www.loewen-langnau.ch
- **HOTEL MOOSEGG** 3543 Emmenmatt
  Tel. 034 409 06 06 | www.moosegg.ch

1 | Bern

Burgdorf Bern

BURGDORF – DAS TOR ZUM EMMENTAL

Weil in der letzten Etappe das Emmental sträflich vernachlässigt wurde, muss nun das bekannteste Produkt dieser hügeligen Landwirtschaftszone noch zu Ehren kommen: der Emmentaler Käse, von dem pro Jahr rund 30 000 Tonnen (Produktion Schweiz) verkauft werden. Wer es ganz genau wissen will, besucht die Schaukäserei Affoltern i. E., direkt an der Lueg (Übergang nach Burgdorf) gelegen.

Die Stadt Burgdorf, die mitten im Grünen steht und von Hügeln und imposanten Felsen umgeben ist, war und bleibt städtebaulich ein Bijou. Sie kann sich rühmen, eine beispielhafte mittelalterliche Altstadt zu besitzen. Die belebten Gassen mit den spätbarocken Patrizierhäusern und der imposanten 800-jährigen Schlossanlage ziehen viele Besucher an. Eindrücklich ist die Teilung in Ober- und Unterstadt: oben, zwischen Schloss und Kirchenhügel, die feudale Wohngegend. Am Fusse des Schlosshügels die Unterstadt mit dem Kornhausquartier, das das Gewerbe beherbergte. Burdorf ist auch Industrie- und Bildungsstandort.

DER LOTSE

Anders als auf der Fahrt in die Wirtschaftsmetropole Zürich, wo Handel, Industrie und Gewerbe dominieren und immer weitere Kreise um die Stadt ziehen, ist vor den Toren Berns die Welt noch vergleichsweise überschaubar geblieben. Das hören die Berner nicht gerne, weil sie auch wichtig sein möchten, vergessen aber dabei zeitweise, wie privilegiert sie wohnen, arbeiten und ausgehen dürfen. Ganz objektiv kann ich beim Verfassen des Berner Porträts nicht sein, lebte ich doch vier Jahre hier und bin sowohl beruflich wie privat oft in der Brücken-, Brunnen-, Lauben- und Bärenstadt. Bern ist Sitz der Verwaltungen des Bundes, des Kantons Bern und der Stadt Bern. Man denkt vielleicht, so viele Beamte könnten ein Problem sein, spürt jedoch wenig davon, weil man es ihnen (im Gegensatz zu den Bankern von Zürich) einfach nicht ansieht. Bern ist die schönste Stadt der Schweiz! Wenn Sie das nicht gelten lassen, behaupte ich es für die historische Altstadt mit ihrer beeindruckenden Dimension. Wer sonst kann über 6 km Arkaden (hier Lauben genannt) zum geschützten Einkaufen und Ausgehen bieten? «I gange go rohre», so nannten die Jungen das Flanieren unter den Lauben zu meiner Berner Zeit. Heute kennen diesen Ausdruck nur noch wenige.

DIE ALTSTADT – ATHMOSPHÄRISCH SPITZE

Unbestritten den schönsten Ausblick über die von der Aare wie umarmt umflossene Zähringer-Stadt bietet der erhöhte Rosengarten, direkt über dem neuen Bärenpark (früher

2 | Aare, bei Muri-Bern 3 | Schloss Burgdorf 4 | Bern, Altstadt 5 | Bern, Bärenpark

Bärengraben), oder die 101 Meter hohe Plattform des besteigbaren Münsterturms. Auf Letzterer kann man die steil abfallenden Schanzen und Bastionen hinab zur Aare am besten erkennen. Beeindruckend ist das alte Stadtquartier Matte, direkt an den Fluss gebaut und von diesem schon unzählige Male gebeutelt. Hier beherrschten die Einwohner sogar eine eigene Sprache, dic die besseren Burger nicht verstehen konnten. Beispiel: Moin Stöbu, ha welle schillere för schinagu, esch dänk nobis = Guten Morgen Tobler, hätte gerne für Arbeit gefragt, ist aber wohl wieder nichts. Ja, viel ist von dem nicht mehr geblieben, was ältere Kollegen mir vom Matten-Engisch (nicht Englisch, bitte) beigebracht haben.

DIE AARE – SPIELT FÜR DIE ERHOLUNG DIE HAUPTROLLE
In den wärmeren Monaten macht sich Jung und Alt zur Aare auf, um im Marzili zu baden oder sich von der sauberen Aare mit Blick aufs Bundeshaus treiben zu lassen. Ebenfalls am Wasser liegen der Tierpark Dählhölzli, der Botanische Garten sowie etwas erhöht das Luxusanwesen des Berner Wappentiers. Wenn man am Gehege steht, weiss man nie so recht, wer wem zuschaut. Vor allem die beiden Ende 2009 geborenen Jungbären ziehen immer noch viele Schaulustige an.

ARBEITEN, STUDIEREN UND KÜNSTLERISCHES SCHAFFEN
Bern bietet rund 150 000 Arbeitsplätze, ziemlich viele davon in den Verwaltungen (auch SBB, Post und Swisscom), bei Verbänden und Genossenschaften und in der Bildung (alle Stufen bis zur Universität). Düster sieht es bei den Medien aus. Zwar hat die SRG (Schweizer Radio- und Fernseh-Gesellschaft) ihren Hauptsitz und eines der drei Deutschschweizer Studios noch hier, das zusammen mit DRS4 für die Nachrichten und die Informationssendungen verantwortlich ist. Die Printmedien wurden dem Goliath Tagesanzeiger in Zürich verkauft. Die 1834 gegründete Berner Universität liegt mit 13 000 Studierenden im Mittelfeld der Schweizer Hochschulen. In acht Fakultäten werden die zukünftigen Kaderleute und Professoren ausgebildet. Zu den wichtigsten Museen für Kunst und Wissenschaft gehören das Historische Museum (sollte einmal Landesmuseum werden), das Kunstmuseum, das Alpine Museum und das Zentrum Paul Klee.

HOTEL-TIPPS

- **HOTEL STADTHAUS** 3402 Burgdorf
  Tel. 034 428 80 08 | www.stadthaus.ch
- **PARKHOTEL SCHLOSS HÜNIGEN** 3510 Konolfingen
  Tel. 031 791 26 11 | www.schlosshuenigen.ch
- **LANDGASTHOF STERNEN** 3074 Muri
  Tel. 031 950 71 11 | www.sternenmuri.ch
- **BOUTIQUE-HOTEL BELLE EPOQUE** 3011 Bern
  Tel. 031 311 43 36 | www.belle-epoque.ch
- **HOTEL ALLEGRO** 3000 Bern
  Tel. 031 339 55 00 | www.kursaal-bern.ch

1 | Château de Chillon

Murten Fribourg Vevey Montreux

MURTEN – HAT NAPOLEON FALSCH ZUGETEILT?

Dank seiner schönen, leicht erhöhten Lage am Südufer des Murtensees hat sich die 800 Jahre alte Zähringer-Stadt an der Grenze zur Romandie zu einem beliebten Ausflugsziel entwickelt. Wenn man einen Durchschnittsschweizer nach der Kantonszugehörigkeit fragt, kommt meistens die Antwort: Bern. Das wäre naheliegend gewesen. Doch Napoleon schlug es 1803 dem Kanton Fribourg zu und brachte damit das welsche Flair in den Seebezirk. Die Seepromenade, die von Murten bis Ende des Nachbardorfes Muntelier reicht, ist eine Flaniermeile sondergleichen. Sie bot während der Expo 2002 den Besuchern eine Naturkulisse mit weltrekordverdächtigen Sonnenuntergängen. Wer mehr über Murten erfahren will, besucht das Museum. Hier sind 6000 Jahre Geschichte dokumentiert.

FRIBOURG – ODER FREIBURG IM ÜECHTLAND

Viele Deutschsprachige haben ein wenig Berührungsängste, weil man in der zweisprachigen Hauptstadt des Kantons Fribourg praktisch nur französisch angesprochen wird. Dabei ist Freiburg (Schwesterstadt von Freiburg im Breisgau) aus städtebaulicher Sicht eine Perle. Auf drei Seiten wird der Felsvorsprung, auf dem die Stadt erbaut ist, von der Saane / Sarine umflossen. Das Mittelalter ist hier lebendig: mehr als 200 gotische Fassaden, schöne Brunnen und die Kathedrale St. Nicolas. Diese hat viel bewunderte Glasfenster und einen 75 Meter hohen Turm, von dem aus man einen guten Überblick hat. Die pulsierende Stadt wirkt international, dies schon der vielen Studenten aus aller Herren Länder wegen, die an der Universität immatrikuliert sind.

DER LOTSE

Nun hat uns also die Romandie wieder fest im Griff. Mit dem Auto oder dem Velo nehmen wir den direktesten Weg über Bulle, Châtel-Saint-Denis nach Vevey. Leider ist diese Strecke für ÖV-Reisende kompliziert, muss man doch zweimal vom Bus auf die Bahn umsteigen. Am bequemsten ist die Fahrt mit den SBB über Lausanne, mit dem Nachteil jedoch, dass man das Highlight Gruyère nicht besuchen kann. Zuerst aber erreichen wir den Hauptort des Greyerzerlandes: Bulle. Der Ort ist stark mit dem landwirtschaftlichen Umland verbunden. Das merkt man vor allem in den Industrie- und Gewerbegebieten, wo die Tiere und die Produkte vom Bauernhof die Hauptrolle spielen. Allen voran der Gruyère, der 2008 im Export erstmals den Emmentaler überholt hat. Das mittelalterliche Städtchen Gruyère zieht jedes Jahr Tausende von Touristen aus aller Welt an. Die alte

2 | Vevey 3 | Quai Montreux 4 | Fribourg 5 | Bad Muntelier am Murtensee

Grafenresidenz aus dem Bilderbuch liegt auf einem Hügel über der Saane. Das Schloss aus dem 13. Jahrhundert beherbergt heute ein Museum, in dem Geschichte und Kultur des Greyerzerlandes eine Plattform haben. Hier kann man in der Schaukäserei die Herstellung des Gruyère mitverfolgen und in einem der vielen Restaurants ein Fondue «moitié-moitié» (halb Gruyère / halb Freiburger Vacherin) geniessen.

VEVEY – ERSTE BEGEGNUNG MIT DER RIVIERA VAUDOISE

Wer auf der Autobahn oder der Kantonsstrasse, die hier steil auf Vevey zuführen, auf die Stadt und den Lac Léman hinunterblickt, wird kurzzeitig das Atmen vergessen. Was sich von einer auf die andere Sekunde offenbart, benötigt starke Worte. Vevey war schon Ende des 19. Jahrhunderts ein «nobler» Ferienort, als die Stadt an der welschen Riviera die erste Hochblüte mit der Belle Époque erlebte. Gut präsentierende Hotels und eine mit Palmen und Blumen verschönerte Seepromenade erinnern noch heute an diese Zeit. Heute ist Vevey fast schon eine Wirtschaftsmetropole und ein modernes regionales Zentrum. In aller Welt bekannt wurde die Stadt wegen des Nahrungsmittelmultis «Nestlé», der heute einen Umsatz von mehr als 100 Milliarden Franken generiert. Der berühmteste Einwohner Veveys war aber zweifellos der Komiker Charlie Chaplin, der hier 25 Jahre lebte und am Quai ein Denkmal bekam.

DER LOTSE

Während meiner beruflichen Weiterbildung arbeitete ich während eines Jahres in Montreux. In erster Linie wollte ich mein Schulfranzösisch verbessern, genoss dann aber die Riviera und das Lebensgefühl der Romands in vollen Zügen. Im milden Klima, umgeben von Pinien, Zypressen und Palmen, begleitet von aussergewöhnlich netten und sympathischen Menschen, die mich vom ersten Moment an aufnahmen als einer der Ihren, hätte ich mir eine Zukunft mit open end gut vorstellen können. Jetzt verdrücke ich manchmal eine Träne, wenn vom Frankophonie-Gipfel oder vom Montreux-Jazz-Festival die Rede ist. Das persönlich Erlebte muss jetzt die Lobpreisungen der Touristiker stellvertretend ersetzen. Ich schenke der Stadt eine neue Rose d'Or, als Kompensation für das an die Luzerner verlorene Event ...

HOTEL-TIPPS

- **HOTEL BAD MUNTELIER AM SEE**
  3286 Muntelier-Murten | Tel. 026 670 88 10
  www.hotel-bad-muntelier.ch
- **HOTEL SCHIFF AM SEE** 3280 Murten
  Tel. 026 672 36 66 | www.hotel-schiff.ch
- **SCHLOSS UEBERSTORF** 3182 Ueberstorf
  Tel. 031 741 47 14 | www.schlossueberstorf.ch
- **HOTEL VICTORIA** 1823 Glion
  Tel. 021 962 82 82 | www.victoria-glion.ch

1 | Lausanne

Lavaux Lausanne Morges Nyon Genève

DER LOTSE

Wer allein unterwegs ist, wählt für die Fahrt nach Lausanne die Route durch die Weinberg-Terrassen des Lavaux, mit 800 Hektaren Reben das grösste zusammenhängende Rebbaugebiet der Schweiz. Die hier produzierten Weine haben klingende Namen: Epesses, St. Saphorin, Dézaley, Grandvaux, Chexbres, Lutry und einige mehr. Auf dem «Balcon du Léman», damit ist das hoch gelegene Chexbres gemeint, bietet sich uns ein überwältigender Blick auf die endlos wie grafische Figuren verlaufenden Weinberge, den See und die Alpen. Wer mag, darf auch mal eine Sorte oder zwei in einer der kleinen Weinstuben (Pinten) degustieren. Als Weindorf gefällt mir Grandvaux am besten. Hier wohnt man praktisch im Rebberg und erlebt alle Arbeiten rund um den Wein hautnah. Die ursprünglichen Winzerdörfer, die riesigen Reb-berge und das malerische Ufer waren der UNESCO eine Auszeichnung als Weltkulturerbe wert. Bevor wir endgültig die Hauptstadt des Waadtlandes aufsuchen, lohnen sich zwei Zwischenhalte in den mittelalterlichen Städtchen Lutry und Cully.

LAUSANNE – GROSSSTADT MIT FERIENPOTENZIAL

Die Stadt fühlt sich nicht nur gross an, sie ist es auch. Dieser Eindruck wird vielleicht noch verstärkt, weil sie fast durchwegs am Hang gebaut wurde. Kleine, steile Strässchen und Treppen lassen alles ein bisschen kleinstädtischer wirken. Statistiker streiten, ob nun Bern oder Lausanne die drittgrösste Stadt der Schweiz sei. Wir lassen die Ehre Lausanne zukommen, als kleine Wiedergutmachung für die Eroberung der Stadt durch die Berner im 16. Jahrhundert. Die Altstadt wird dominiert von der Kathedrale Notre Dame, die als wichtigstes frühgotisches Werk in der Romandie gilt. Während mehr als tausend Jahren war Lausanne Bischofssitz. Den Verlust haben sie längst kompensiert mit vielen wichtigen Organisationen, so zum Beispiel dem Internationalen Olympischen Komitee. Rund um die Kathedrale ist ein Shopping-Viertel entstanden, wie übrigens auch im romantischen Hafenviertel Ouchy. Fast das gesamte Seeufer ist eine Erholungszone mit Bädern, Bootshafen, Campingplatz, Spielwiesen und Picknickplätzen. Die auf drei Hügeln gebaute Stadt, umgeben von Weinbergen, mit dem Genfersee zu Füssen, ist wie gemacht zum Nichtstun.

DER LOTSE

Beim Verlassen der Stadt kommen wir nicht wirklich aufs Land. Bei jedem neuen Besuch in der Region beobachtet man neue Industriebauten und Bürokomplexe, die langsam, aber stetig

2 | Nyon 3 | St. Saphorin (Lavaux) 4 | Morges 5 | Jet d'Eau, Genève

von der Strasse die sanften Hügel hinaufwachsen. Wir sind in der Region «La Côte» angekommen, einem weiteren grossen Weinbaugebiet des Waadtlandes. Es reicht von Morges bis Nyon. Morges ist zweifellos die Weinhauptstadt, in der das «Geschäft» gemacht wird. Die sympathischen Kleinstädtchen und Weindörfer Aubonne, Rolle, Vufflens-le-Château, Féchy, Vinzel, Luins, St. Prex und St. Sulpice gehören für den La-Côte-Reisenden zum Pflichtprogramm. Es kommt nicht von ungefähr, dass hier prominente Ausländer eine Heimat gefunden haben. Ohne Übertreibung darf in den Immobilienanzeigen von «traumhafter Lage» gesprochen werden. In diesem Gebiet gibt es ausgesprochen viele Museen, für deren Listung hier aber leider kein Platz ist. Es gilt also, sie selbst zu entdecken.

NYON – HEIMAT DER EUROPÄISCHEN FUSSBALLER

Unter den vielen schmucken Kleinstädten zwischen Genf und Lausanne, alle am Seeufer, teilweise auf vorgelagerten kleinen Halbinseln, ist Nyon die grösste unter den kleinen. Viele Ausgrabungen und Sehenswürdigkeiten aus der Zeit der Helvetier und Römer deuten auf eine wechselvolle Geschichte hin. Also hatten unsere Vorfahren einen ähnlichen Geschmack wie wir, wenn es galt, ihre Zelte an einem besonderen Ort aufzuschlagen. Die Grafen von Savoyen hatten hier oberhalb der Altstadt ein mächtiges Schloss erbaut, das von fünf Türmen überragt wird. Heute ist darin das Museum für Geschichte und Porzellan untergebracht. Seit 1995 befindet sich in Nyon der Sitz des Europäischen Fussballverbandes.

GENÈVE – STADT DES FRIEDENS

So und in vielen Varianten wird die Stadt mit Sitz der UNO und des IKRK genannt. Die Rhonestadt mit ihrer humanitären Tradition bietet vielen weiteren internationalen Organisationen eine Heimat. Internationaler könnte eine Schweizer Stadt nicht sein. Wie viele Sprachen hier gesprochen werden? Das herauszufinden, könnte eine Masterarbeit sein. Genf hat ein besonderes Flair, ist dem Schönen und dem Genuss zugetan. Das spürt man auf Schritt und Tritt am See, beim Jet d'Eau, der das Wasser 140 Meter hoch in den Himmel spritzt, in den Parks, in der belebten Altstadt. Eben dort, wo die Welt sich trifft. Viele Deutschschweizer besuchen Genf jedes Jahr einmal, nicht des Flairs wegen zwar, aber wegen des Autosalons mit den meisten Weltpremieren.

HOTEL-TIPPS

- **HOTEL PREALPINA** 1071 Chexbres
  Tel. 021 946 09 09 | www.prealpina.ch
- **ROMANTIKHOTEL MONT BLANC AU LAC** 1110 Morges
  Tel. 021 804 87 87 | www.hotel-mont-blanc.ch
- **HOTEL RIVESROLLE** 1180 Rolle
  Tel. 021 822 34 34 | www.rivesrolle.ch
- **BEST WESTERN HOTEL CHAVANNES DE BOGIS**
  1279 Chavannes des Bogis | Tel. 022 960 81 81
  www.hotel-chavannes.ch
- **HOTEL DU LAC** 1296 Coppet
  Tel. 022 960 80 00 | www.hotel-du-lac.ch

1 | Neuchâtel

YVERDON-LES-BAINS NEUCHÂTEL SAIGNELÉGIER DELÉMONT

DER LOTSE

Wer dem Credo der «Schweizer Reise», eine Strecke nie zweimal zu befahren, treu bleiben möchte, wählt die Route über das Vallé de Joux nach Vallorbe. Als Variante «light» gibt es auch die Möglichkeit, auf Nebenstrassen abseits des grossen Verkehrs über Bière (mit Waffenplatz der Schweizer Armee) nach La Sarraz zu reisen. Hier lohnt sich ein Abstecher zu einem Highlight kirchlicher Baukunst, zur Abteikirche von Romainmôtier. Sie ist eine der ältesten romanischen Bauten der Schweiz mit einer Kanzel aus dem 8. Jahrhundert. Ebenfalls sehenswert sind die Fresken und das Chorgestühl. Neben der Kirche kann das aus dem 13. Jahrhundert stammende Haus des Priors besichtigt werden.

YVERDON-LES-BAINS – EIN WICHTIGER BADEORT DER ROMANDIE

Die schwefel- und magnesiumhaltigen Quellen des Thermalbades machten die Stadt zum beliebten Kur- und Heilort mit langer Tradition, wie Ruinen römischer Thermen belegen. Das heutige Bad verbindet die wohltuenden Eigenschaften des Wassers mit modernen Bade- und Wellnessanlagen. Dem Bad ist ein Hotel von gehobenem Standard angegliedert. Kulturell bietet Yverdon sehr viel: das «Haus von Aderswo», ein Science-Fiction-Museum mit wechselnden Ausstellungen, das «Modemuseum» mit 3000 seltenen, kostbaren Kleidungsstücken, das Dokumentations- und Forschungszentrum «Pestalozzi». Entlang des dünn besiedelten Südufers des Neuenburgersees befindet sich die «Grande Cariçaie», ein Naturschutzgebiet mit beeindruckenden Dimensionen. Hier wachsen 1000 Pflanzenarten und 10 000 Tierarten fühlen sich zu Hause.

NEUCHÂTEL – HEIMAT VON FRIEDRICH DÜRRENMATT

Die Hauptstadt des gleichnamigen Kantons bietet für Kopf, Seele und Bauch alles, was es zum Leben braucht. Die Universität und das Bundesamt für Statistik für den Kopf, die vielen Kulturgüter, Museen und die schöne Landschaft für die Seele und das gute Essen und der Wein aus der Region für den Bauch. Die nicht zu übersehenden Wahrzeichen der Stadt sind das Schloss und die Kollegiatskirche, ein gotisches Gotteshaus aus dem Mittelalter. In Neuenburg spürt man den liberalen Geist. Der Kanton ist ausgleichendes Element zwischen Deutsch und Welsch. Wo Friedrich Dürrenmatt – vielleicht der wortgewaltigste Schweizer Schriftsteller – einst lebte, schrieb und malte, steht heute das Centre Dürrenmatt, ein Kunst- und Kulturzentrum mit vielen Ausstellungen und Veranstaltungen. Auch einen Besuch wert ist die Automatensammlung Jacquet-Droz sowie das Laténium mit dem Neuenburger Archäologie-Park.

2 | Romainmôtier 3 | Yverdon-les-Bains 4 | Saignelégier, Freiberge 5 | St. Ursanne

DER LOTSE

Die Neuenburger Uhrenstädte Le Locle und La Chaux-de-Fonds lassen wir links liegen und fahren durch das Val de Travers und über den Chasseral in den Berner Jura. Trotz Uhrendominanz hat das Val de Travers einen heimlichen Star: Absinth, auch die Grüne Fee genannt. Bis 2005 war die Herstellung verboten. Getrunken wurde er natürlich trotzdem. Jetzt erlebt das muntermachende Allheilmittel eine wahre Renaissance. Im Berner Teil des Juras lernen wir St. Imier, Tavannes und Tramelan kennen, bevor wir unser nächstes Ziel, die Freiberge (Franches Montagnes) erreichen. Auf der leicht hügeligen Hochebene auf 1000 m ü. M. gibt es unendlich grosse Weiden, auf denen die Freiberger Pferde nicht fehlen dürfen. Die ausgedehnten Tannen- und Fichtenwälder, dazwischen weiss gestrichene Einzelhöfe, sind typisch für diese einzigartige Landschaft. Im Hauptort der Freiberge, Saignelégier, findet jedes Jahr der «Marché-Concours», das Fest des Freiberger Pferdes, statt. Zehntausende Besucher lassen sich von der weiten Reise nicht abschrecken. Vielleicht tun Sie es ihnen gleich und reisen noch über den Col de la Croix ins Grenzstädtchen Porrentruy (Pruntrut, einst Sitz der Basler Fürstbischöfe) oder ins schneller erreichbare St. Ursanne am Doubs.

DELÉMONT – HAUPTSTADT DES JÜNGSTEN KANTONS

Teile der ehemaligen Stadtmauer und die zwei Stadttore des mittelalterlichen Zentrums von Delémont sind gut erhalten. Hier befinden sich auch das Parlamentsgebäude, das jurassische Geschichts- und Kunstmuseum und der fürstbischöfliche Palast. Der Kanton Jura ist wegen kulturell-politischer Spannungen entstanden, welche über Jahrzehnte die Entwicklung beeinflussten, bis schliesslich 1970 «le Jura» vom Berner Stimmvolk grünes Licht erhielt, die politische Zukunft selbst zu entscheiden. Dies bedeutete auch die Trennung von den drei «berntreuen» Bezirken Moutier, Courtelary und La Neuveville. Vom Bezirk Laufen haben wir ja bereits in der zweiten Etappe gesprochen.

HOTEL-TIPPS

- **GRAND HOTEL DES BAINS** 1401 Yverdon-les-Bains
  Tel. 024 424 64 64 | www.grandhotelyverdon.ch
- **L'AUBIER** 2037 Montezillon
  Tel. 032 732 22 11 | www.aubier.ch
- **L'AUBIER, CAFE-HOTEL** 2000 Neuchâtel
  Tel. 032 710 18 58 | www.aubier.ch

1 | Twann mit St. Petersinsel

Biel/Bienne
Twann
La Neuveville
Aarberg

BIEL – DIE UHRENMETROPOLE

Biel/Bienne, nach der Hauptstadt zweitgrösste Gemeinde des Kantons Bern, ist der einzige Ort in der Schweiz, in der die deutsche und die französische Sprache gleichberechtigt gesprochen werden. Die Einwohner sind denn meistens auch «bilingue» (zweisprachig), denen die Kommunikation in der Schweiz immer etwas leichter fällt. Biel hat verschiedene Gesichter: einerseits die intakte Altstadt auf einer leichten Erhöhung; anderseits entstand auf der Ebene am See der moderne Teil der Stadt. 2004 erhielt Biel den Wakkerpreis des Schweizer Heimatschutzes für seinen vorbildlichen Umgang mit der herausragenden Bausubstanz. Biel ist eine traditionsreiche Uhrenmetropole, in der immer noch die Musik gemacht wird: Rolex, Omega, Swatch und Tissot und viele andere bekannte Marken sind hier zu Hause. 1935 eröffnete die amerikanische Automarke GM (General Motors) ein Montagewerk. Die Marken Buick, Chevrolet, Cadillac, Oldsmobile und Vauxhall rollten vom Band. 15 000 «Amerikaner» waren es zu den besten Zeiten. Leider wurde das Werk 1975 geschlossen. Biel ist nicht primär eine Feriendestination, doch der besonders schönen Lage wegen und dank des Bahnknotenpunktes sowie der Schifffahrt auf dem Bielersee ein viel besuchter Ausflugsort.

DER LOTSE

Biel darf ruhig als Tor zum Dreiseenland bezeichnet werden. Bieler-, Neuenburger- und Murtensee sind nicht nur landschaftlich eine Einheit, nein, auch Schiffe können dank eines Kanalsystems auf allen drei Gewässern kreuzen. In der Schule lernten wir, der Neuenburgersee sei der grösste ganz auf Schweizer Gebiet liegende See. Falsch! Heute kann man besser vermessen und weiss, dass die Schweizer Fläche des Genfersees 120 km² mehr Platz beansprucht. Auf einer Schifffahrt erlebt man die Landschaft am besten. Vielleicht mit einem Halt auf der bekannten St. Petersinsel, die durch einen romantischen Wanderweg mit Erlach verbunden ist. Auf dem Landweg reisen wir dem linken Bielerseeufer entlang nach Twann, wo eine Fischmahlzeit in einem der gepflegten Restaurants Pflicht ist. Einen vertieften Einblick in das Leben der Winzer vermittelt eine Wanderung auf dem Rebenweg von Biel nach La Neuveville. Der Lehrpfad ist beschildert und dokumentiert Geschichte und Weinbau. In Ligerz (zwischen Biel und Twann) befindet sich zudem ein Rebbaumuseum.

LA NEUVEVILLE

Wie Ligerz und Twann liegt auch La Neuveville an der Bahnlinie Biel-Neuenburg. Besonders für Liebhaber des Juras ist

2 | Burgplatz, Biel 3 | Ligerz am Bielersee mit Kirche 4 | La Neuveville 5 | Erlach mit St. Petersinsel

es wichtig zu wissen, dass ab La Neuveville und Le Landeron Postautos zu den Gemeinden auf dem Montagne de Diesse und auf den Twannberg verkehren. Den Chasseral vor Augen, lässt sich von Nods und Diesse über Lamboing (wo ein Krimi von Dürrenmatt spielt) bequem bis Magglingen wandern, wo eine Standseilbahn wenig Trainierte nach Biel bringt.
Die gut erhaltene historische Altstadt von La Neuveville, die einem Quadrat sehr nahe kommt, besitzt eine Stadtmauer mit sieben Türmen (stammen aus der Zeit der Stadtgründung um 1300). Das Rathaus beherbergt das Historische Museum, in dem Pfahlbauten am See und die in der Schlacht von Murten (1476) erbeuteten Kanonen der Burgunder Themen sind. Für Liebhaber alter Bauten seien noch die Kirche «Blanche Eglise» mit wertvoller Holzdecke und gotischen Wandmalereien sowie die reformierte Kirche «Temple du Lac» erwähnt. Einen kleinen Wermutstropfen hinterlässt die unglückliche Trennung der Altstadt vom schönen Seeufer. Für alle wäre es ein Glück gewesen, wenn die Verkehrsträger La Neuveville durch einen Tunnel umfahren hätten. Einzig das Hotel Jean-Jacques Rousseau hat sich einen paradiesischen Platz gesichert.

ERLACH – AARBERG

In Erlach besuchen wir das Schloss und das Städtchen. Das Schloss ist eines der ältesten im Kanton Bern. Es stammt aus dem 11. Jahrhundert und diente der Sicherung der Strasse am oberen Seeende. Leider kann es nicht besichtigt werden, da es einer privaten Nutzung zugeführt wurde. Im 13. Jahrhundert entstand nach und nach die Altstadt, womit der Grundstein für das heutige Städtchen gelegt wurde.
Aarberg, vor 800 Jahren gegründet, war während langer Zeit ein wichtiger Verkehrsknotenpunkt. Das hat sich mit dem Bau neuer Strassen und Brücken gründlich geändert. Eine Augenweide ist der grosse Stadtplatz mit seinem Ring schöner Bürgerhäuser und die 400 Jahre alte Holzbrücke über die Aare. Besuchergruppen sind in der Zuckerfabrik willkommen.

HOTEL-TIPPS

- **ART DECO HOTEL ELITE** 2501 Biel / Bienne
  Tel. 032 328 77 77 | www.hotelelite.ch
- **HOTEL WORBENBAD** 3252 Worben
  Tel. 032 384 67 67 | www.worbenbad.com
- **HOTEL RESTAURANT FONTANA** 2513 Twann
  Tel. 032 315 03 03 | www.hotelfontana.ch
- **HOTEL JEAN-JACQUES ROUSSEAU** 2520 La Neuveville
  Tel. 032 752 36 52 | www.jjrousseau.ch
- **HOTEL SCHLÖSSLI** 2563 IPSACH
  Tel. 032 332 26 26 | www.schloessli-ipsach.ch

1 | Solothurn

Solothurn Balsthal Langenthal Zofingen

DER LOTSE

Nachdem wir der Aare (mit 300 km der längste Fluss der Schweiz) in vielen Etappen begegnet sind, möchte ich gerne noch etwas mehr über sie sagen. Sie entspringt an der Grimsel im Berner Oberland und fliesst dann durch die drei Grosslandschaften «Alpen», «Mittelland» und «Jura». Der Flusslauf wurde zwischen Meiringen und der Mündung in den Brienzersee korrigiert, damit die zerstörenden Kräfte im Haslital ein Ende fanden. Nach den beiden Oberländer-Seen fliesst die Aare durch eine interessante Auenlandschaft zwischen Thun und Bern. Um Überschwemmungen zu bannen, hatte man bei der Juragewässerkorrektion (1868 – 1891) den heutigen Flusslauf zwischen Aarberg und Bielersee (Hagneck-Kanal) künstlich angelegt. Bis zur Mündung in den Rhein wird die Aare viele Male gestaut, so wird die Wasserkraft in Elektrizität umgewandelt.

SOLOTHURN – NICHT NUR FÜR BAROCKFANS

Die Hauptstadt des gleichnamigen Kantons kann sich mit vielen Attributen schmücken: Ambassadorenstadt (Sitz der französischen Ambassadeurs), Sankt-Ursen-Stadt (Legende von der Enthauptung der römischen Legionäre Urs und Victor). Oder ganz einfach «Die schönste Barockstadt der Schweiz». Solothurn ist Bischofssitz des Bistums Basel, zu dem mehr als eine Million Katholiken gehören. Im Erscheinungsjahr dieses Buches hat Bischof Felix Gmür im zarten Alter von 44 Jahren die Leitung übernommen, nachdem Papst Benedikt XVI seinen Vorgänger Kurt Koch zum Kardinal ernannt hatte. Das Wahrzeichen Solothurns, die St. Ursenkathedrale, wacht über die angrenzende, gut erhaltene Altstadt. Kulturell hat Solothurn viel zu bieten: das Theater Biel-Solothurn, die Solothurner Filmtage, die Solothurner Literaturtage, die Kulturfabrik Kofmehl, das Kulturzentrum Altes Spital, um nur die wichtigsten zu nennen.

OENSINGEN UND BALSTHAL

Hier sind wir im Zentrum das Kantons Solothurn. Die Neu-Bechburg, eine um 1250 erbaute Wehranlage, steht stolz über dem Dorf. Die Behörden sehen in ihr eine besondere Bedeutung: Weitblick und Entwicklungschancen. Und die hat Oensingen nicht zu knapp bekommen. Viele Industriefirmen haben ihren Sitz ins Dorf verlegt. Das hat auch mit der direkten Anbindung an die Autobahnen A1 und A2 zu tun.
Balsthal ist eng mit Oensingen verbunden. Symbolisch tut das auch eine eigene Bahnverbindung durch die Klus. Wer

2 | Balsthal 3 | Ruine Falkenstein bei Oensingen 4 | «Heitere» Open Air, Zofingen 5 | Kloster St. Urban

durch diese nach Balsthal fährt, ist überrascht, wenn sich plötzlich ein breites, weites Tal öffnet. Das Städtchen hat einen kleinen historischen Kern, der eine grosse Anziehungskraft hat. Hier treffen sich die Juraachsen Oberer Hauenstein und Passwang, die ins Baselbiet führen. Eine gute Verbindung besteht auch nach Moutier in den Berner Jura.

DER LOTSE

Auf dem Weg von Solothurn in das im Aargau liegende Städtchen Zofingen nehmen wir einen kleinen Umweg über die Oberaargauer Metropole Langenthal (Bern) und das Kloster St. Urban (Luzern) in Kauf. Vier Kantone treffen sich hier und symbolisieren die Kleinräumigkeit der Schweiz.

Was jedem Besucher in Langenthal sofort ins Auge sticht, sind die hohen Trottoirs im Zentrum. Sie wurden gebaut, um im Notfall das Hochwasser der Langeten durch die Strassen leiten zu können, was auch oft notwendig war. Seit 1992 ist diese Gefahr durch einen gut funktionierenden Entlastungsstollen gebannt. Langenthal ist wichtiger Industriestandort, Regionalzentrum und Kulturstadt.

Mit dem Postauto erreichen wir schon bald St. Urban. Das Zisterzienserkloster wurde im 18. Jahrhundert vollständig neu aufgebaut. Es ist eines der eindrücklichsten Beispiele barocker Baukunst. Besonders grosszügig sind die Parkanlagen, welche zum Lustwandeln einladen. Besichtigungen sind nach Voranmeldung möglich. Von Mai bis Oktober kann jedermann am 1. Sonntag des Monats nach dem Gottesdienst an einer kunsthistorischen Führung teilnehmen.

ZOFINGEN – KLEINOD UNTER DEN KLEINSTÄDTEN

Vom Kloster St. Urban bringt uns das Postauto zum Bahnhof Zofingen, der direkt an die grosse, gut erhaltene Altstadt anschliesst. Zofingen ist eine Kulturstadt. Hier finden Festivals wie das «Heitere-Open-Air», «Moonlight Classics» oder die «New Orleans Meets» statt. Der Gutshof Hirzenberg bietet Klassik und Zeitgenössisches.

In bedeutenden Industrie- und Handelsbetrieben arbeiten Ortansässige und Pendler. Hier ist auch Ringier zu Hause, der seit bald 180 Jahren Zeitschriften und Akzidenzen druckt.

HOTEL-TIPPS

- **HOTEL KRONE** 4500 Solothurn
  Tel. 032 626 44 44 | www.diekrone.ch
- **RAMADA HOTEL SOLOTHURN** 4500 Solothurn
  Tel. 032 655 46 00 | www.ramada-treff.ch
- **HOTEL KREUZ** 4710 Balsthal
  Tel. 062 386 88 88 | www.seminarhotelkreuz.ch
- **PARKHOTEL LANGENTHAL** 4900 Langenthal
  Tel. 062 922 94 22 | www.parkhotel-langenthal.ch
- **HOTEL ENGEL** 4800 Zofingen
  Tel. 062 746 26 00 | www.engel-zofingen.ch

Blick von der Seebodenalp auf Küssnacht

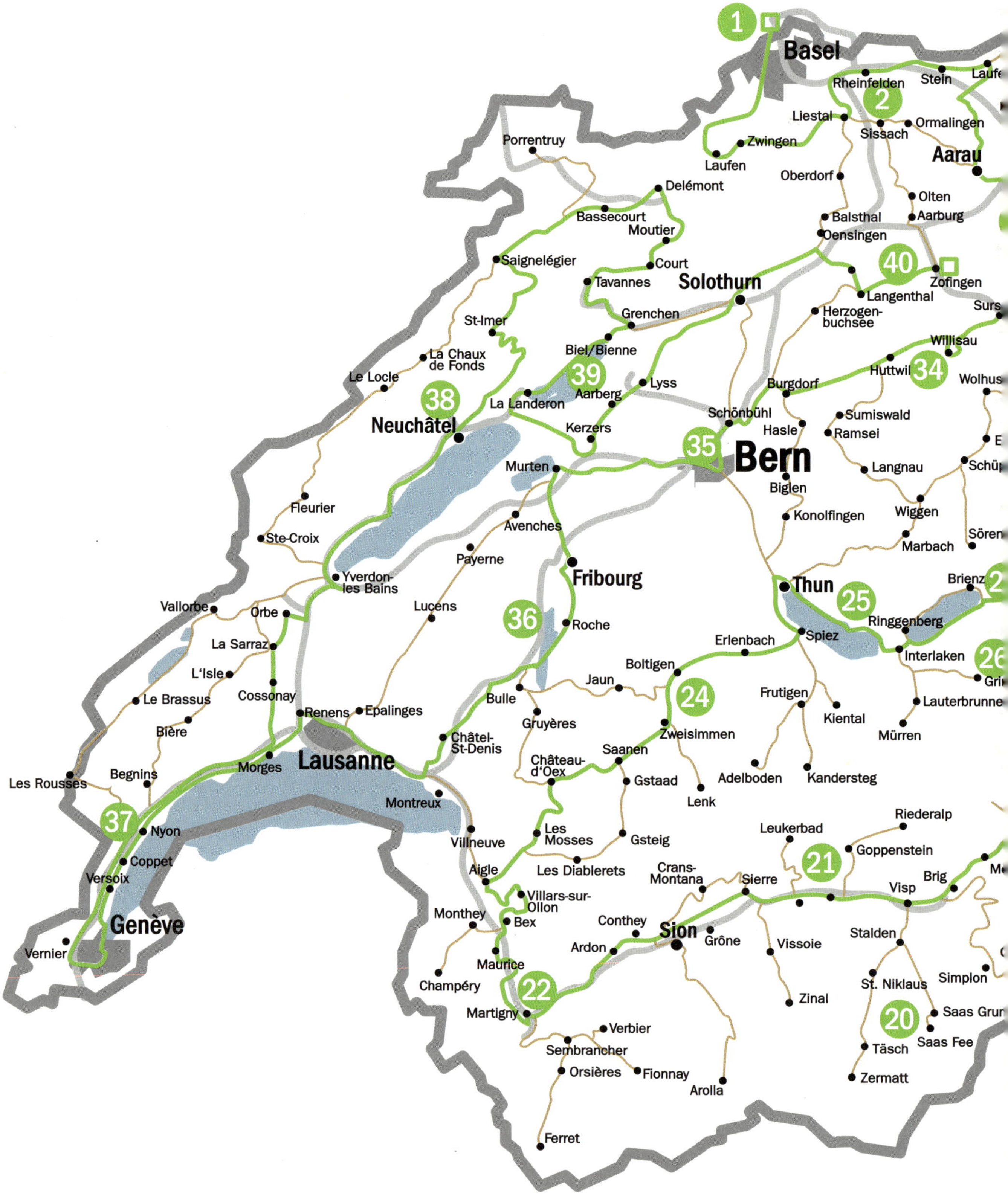

1
Basel
Rheinfelden
Stein
2
Liestal
Sissach
Ormalingen
Zwingen
Laufen
Aarau
Oberdorf
Olten
Aarburg
Porrentruy
Delémont
Bassecourt
Moutier
Balsthal
Oensingen
40
Zofingen
Saignelégier
Court
Tavannes
Solothurn
Langenthal
Herzogen-
buchsee
Grenchen
St-Imer
Biel/Bienne
Willisau
La Chaux
de Fonds
Huttwil
34
Le Locle
39
Lyss
Burgdorf
38
Aarberg
La Landeron
Schönbühl
Sumiswald
Neuchâtel
Kerzers
Hasle
Ramsei
35
Bern
Murten
Langnau
Biglen
Fleurier
Avenches
Konolfingen
Wiggen
Ste-Croix
Payerne
Marbach
Fribourg
Yverdon-
les Bains
Thun
25
Vallorbe
Orbe
Lucens
36
Roche
Ringgenberg
Spiez
Erlenbach
La Sarraz
Interlaken
L'Isle
Boltigen
Jaun
Le Brassus
Cossonay
24
Frutigen
Lauterbrunnen
Bulle
Renens
Epalinges
Kiental
Bière
Gruyères
Zweisimmen
Mürren
Châtel-
St-Denis
Château-
d'Oex
Saanen
Begnins
Morges
Lausanne
Les Rousses
Gstaad
Adelboden
Kandersteg
Montreux
Lenk
37
Nyon
Villneuve
Les
Mosses
Gsteig
Leukerbad
Riederalp
Coppet
Goppenstein
21
Versoix
Aigle
Les Diablerets
Crans-
Montana
Sierre
Brig
Visp
Villars-sur-
Ollon
Genève
Monthey
Bex
Conthey
Sion
Grône
Vissoie
Stalden
Vernier
Ardon
Maurice
Champéry
22
St. Niklaus
Simplon
Zinal
Martigny
20
Verbier
Sembrancher
Täsch
Saas Fee
Orsières
Fionnay
Zermatt
Arolla
Ferret